Franz von Assisi

Geliebte Armut

HERDER / SPEKTRUM

Band 4027

Das Buch

Kann man Armut lieben? Franz von Assisi hat diese Frage mit seinem Leben unmißverständlich beantwortet. Armut, wie er sie verstand, hat nichts zu tun mit zähneknirschendem Verzicht, auch nicht mit finsterer Askese. Sie ist eine Kraft, von der ungeahnte Lebensfreude ausgeht, die den Menschen frei macht von den Dingen, die er nicht besitzt, sondern die ihn besitzen.
Die Welt liebt diesen Heiligen, dem Macht und Reichtum nichts bedeuteten und der doch einen faszinierenden Einfluß auf die Menschen ausübte. Der im Hinsehen auf den armen Jesus von sich selber absehen konnte. Der den Vögeln predigte und alle Kreaturen als seine Geschwister betrachtete und ebensowenig besaß wie sie. Es war keine versklavende Armut, sondern eine die frei und unabhängig macht zum Friedenstiften: eine Armut, die einer radikalen Liebe entsprang. Als Franziskus am 3. Oktober 1226 in Portiuncula bei Assisi starb, erst vierundvierzig Jahre alt, konnte er jubelnd von sich bekennen, daß er seiner Herrin und Gebieterin, seiner Donna, der Dame seines Herzens – der geliebten Frau Armut – die Treue bis in den Tod gehalten hatte.

Die Herausgeber

Thomas Sartory, Dr. theol. habil., 1925–1982, Studium der Philosophie, katholischen und evangelischen Theologie. 1947–1963 Benediktiner in Niederaltaich, ab 1967 Publizist und Schriftsteller. Gertrude Sartory, geb. 1923, Dr. theol., Schriftstellerin und Publizistin.
Thomas und Gertrude Sartory haben die bekanntgewordene Reihe „Texte zum Nachdenken" in der Herderbücherei konzipiert und herausgegeben, in der der vorliegende Band in 12 Auflagen erschien.

Franz von Assisi

Geliebte Armut

Texte zum Nachdenken

Herausgegeben von
Thomas und Gertrude Sartory

Herder
Freiburg · Basel · Wien

Neuausgabe 1991

©Alle Rechte vorbehalten – Printed in Germany
Herstellung: Freiburger Graphische Betriebe 1991
Umschlaggestaltung: Joseph Pölzelbauer
Umschlagbild: Franziskus predigt den Vögeln, Buchmalerei,
Maasgebiet, Anfang 14. Jh. Pergament, Lüttich,
Universitätsbibliothek, Ms 137c
ISBN: 3-451-04024-7

7   Zu diesem Buch

9   Der Liebhaber der Armut

»Der Herr verlieh mir,
Bruder Franz, den Anfang
des neuen Weges
auf folgende Weise«

29 Der Kleidertausch
31 Bekehrung – – –
33 – – – und Verwandlung
34 Die Aufgabe
35 Die inneren Wundmale
36 Der Be-geisterte
38 Die Mutprobe
39 Des Vaters Segen
40 Das Vermögen
41 Der volle Preis
43 Die befreiende Tat

»Ihr werdet denen,
die ihr um eine
irdische Gabe bittet,
die Liebe Gottes bringen«

47 Das Erbe des Königs
49 Das Glück
50 Um der Liebe willen
52 Umsonst
53 Not-Lösung
55 Das Not-Wendende

». . . von Gott gesandt,
um den in
Finsternis Eingehüllten
die Beispiele des Lebens
aufleuchten zu lassen«

59 Wie leben?
60 Der Schatz der Narren
62 Grenzen-los
63 Die große Kleintat
64 Geldentwertung
66 Der Anstoß
67 Ver-geben
68 Bringer des Friedens

»Die Brüder sollen
überall die Minderen sein
und allen untergeben«

71 Mindere Brüder
72 Abstiegschancen
73 Reformation
74 Heiligende Ehrfurcht
75 Mantel der Barmherzigkeit
76 Unterprivilegiert
77 Der untere Weg
78 Die Waffe
79 Der bessere Platz
80 Sich selbst verkaufen

»Die Theologie dieses Mannes
ist ein fliegender Adler;
unsere Wissenschaft aber
kriecht auf dem Bauch
über die Erde«

83 Das Dritte Auge
84 Licht zur Erleuchtung
86 Die innere Bibel
87 Löwenkraft
88 Die Schwester der Weisheit
89 Kosmos der Seele

»... hatte er doch,
dieser glückliche Wanderer,
seine Freude
an den Dingen in dieser Welt –
und nicht einmal wenig«

93 Die ganze Verwandtschaft
94 Die Himmelsleiter
95 Das Lamm
96 Familienzusammenführung
98 Das reine Herz
99 Die Spiegelschrift
101 Zärtliche Liebe
102 Der Dank der Geschöpfe
104 Sonnengesang

»Und alles in ihm
ward zur reinen Seligkeit ...«

109 Gottesdienst
111 Die Wünschelrute
113 Exorzismus
114 Der Heiligenschein
115 Minnesang

»Nun sah er,
daß er der Hohen Frau Armut
die Treue bis zum
Ende gehalten hatte«

119 Bethlehem
122 Golgotha
124 Versinkend in Gottes
Herrlichkeit

Zu diesem Buch

Die hier abgedruckten Texte stammen zum Teil aus den Schriften des Heiligen Franz von Assisi selbst, zum Teil aus alten, zeitgenössischen Lebensbeschreibungen, die man *Legenden* nannte, weil sie zum Vorlesen (legendae) bestimmt waren, deren Erzählgut aber weithin nicht legendär, sondern authentisch ist.

Durch diese Auswahl wurde keine »Information« über Leben und Bedeutung des Kleinen Armen beabsichtigt. Ganze Themenkreise mußten unberücksichtigt bleiben – und konnten das auch. Die vorliegenden Texte wurden unter einem anderen Gesichtspunkt ausgesucht. Es sollten »Texte zum Nachdenken« geboten werden. Genauer müßte man vielleicht sogar sagen: Texte zum Meditieren. Sie sind nämlich für Leser gedacht, die bereit sind, sich in einen Text von meist nur wenigen Zeilen völlig zu vertiefen, ihn zu »betrachten« – so wie man etwa eine Ikone betrachtet, die einen immer wieder neu und immer wieder anders an-spricht und die durchaus das Gefühl in einem erwecken kann, man werde mit ihr niemals »an ein Ende kommen«.

Daß die Texte nicht nur mehrmals, sondern immer wieder von neuem gelesen werden müssen, kommt nicht daher, daß sie »schwer verständlich« wären. Im Gegenteil: sie sind sprachlich schlicht, allem Komplizierten fern. Und die Herausgeber haben auch allen Wert darauf gelegt, daß sowohl Wortwahl und Satzführung wie auch die Durchsichtigkeit des Gedankengangs selbst einen bereits abendlich müden Leser vor sprachlichen Stolpersteinen bewahren (weshalb die zugrunde gelegten Übersetzungen vielfach noch einmal überarbeitet worden sind).

Ins Stolpern freilich mag man doch immer wieder geraten: nicht weil die Texte schwer verständlich wären, sondern weil so mancher von ihnen dem Menschen allerlei zumutet. Was

Franz sagt oder tut, leuchtet einem zunächst oft gar nicht ein –
im Gegenteil! Dann sagt man vielleicht: Das verstehe ich einfach nicht! – meint aber: Da komme ich innerlich nicht mit.
Diese innere Rebellion, die den Leser bei manchen Texten
überkommen mag, ist nicht die schlechteste Voraussetzung,
tiefer in sie einzudringen. Anders als bei der Lektüre sachlich
oder gar wissenschaftlich informierender Bücher sind *subjek-
tive Gefühle* hier durchaus erwünscht. Der Leser *soll* innerlich
bewegt werden (gleich, ob es Emotionen der Begeisterung oder
der Abwehr sind), zielen doch solcherart Texte darauf, die
Seele zu wecken, in Bewegung zu bringen, Prozesse in ihr aus-
zulösen. Wirken nämlich wollen sie, nicht bloß informieren,
die Menschen verändern, nicht allein den Intellekt mit mehr
Wissen anreichern.
Darum haftet solchen Texten immer auch etwas Zeitloses an,
trotz ihres zeit-, orts- und kulturbedingten Kolorits. Es ändern
sich die Zeiten, aber der Mensch bleibt sich in seinen letzten
Fragen und tiefsten Bedürfnissen merkwürdig gleich: Was
ihm innerlich bekommt und was ihm schadet, ändert sich offenbar nicht. Mögen darum die Menschen nach Rassen und Völ-
kern, nach Kultur und Geschichte noch so verschieden sein,
ihre *Seelen* sind (fundamental!) verwandt.
So ist es nicht weiter erstaunlich, wenn siebenhundert Jahre
alte Erzählungen und Schriften immer noch – oder sogar: gerade heute! – durchaus aktuell wirken. Wobei jeder Leser für
sich selbst herausfinden muß, welche Texte ihm persönlich für
sein Leben etwas sagen – und *was!*

Der Liebhaber der Armut

Assisi – bis zum heutigen Tag ist die kleine umbrische Stadt am Fuß des Monte Subasio die Stadt des Kleinen Armen, des Poverello, als der Franziskus in die Geschichte eingegangen ist.

In Assisi wurde er geboren, 1181 oder 1182.

Assisi ist die Stadt, die seine Jugendtorheiten sah, aber auch zum Zeugen seiner Bekehrung wurde; es ist die Stadt, in der er um seinen neuen Weg gerungen hat, wartend auf den Fingerzeig von oben, bis schließlich das Kreuz in San Damiano deutlich vernehmbar zu ihm sprach; in dieser Stadt hat er seine ersten Gefährten gefunden, aber auch seine ersten Jüngerinnen: die heilige Klara von Assisi mit ihren Frauen.

Vor den Toren Assisis, in Portiuncula, ist er auch gestorben: am 3. Oktober 1226.

Während bei zahllosen anderen Heiligen die Vaterstadt nur eine zweitrangige Rolle für ihre geistige und seelische Biographie spielt, ist Assisi aus der Lebensgeschichte des Kleinen Armen nicht wegzudenken: zunächst als Gegenspielerin, dann, in wachsendem Maße, auch als Mitspielerin.

Schon im frühen 14. Jahrhundert hat Dante, der größte Dichter des christlichen Abendlandes, an Assisi die epochale Bedeutung des Heiligen für die christliche Welt verdeutlicht. In der »Göttlichen Komödie« heißt es im XI. Paradiesgesang über die Stadt des Franziskus:

> »Dorther, wo sanfter wird der Sturz des Hanges,
> Ließ eine *Sonne* Gott der Welt entbrennen,
> Wie unsere manchmal aufsteigt aus dem *Ganges*.
> ›Assisi‹ sollte diesen Ort nicht nennen,
> Wer von ihm spricht, weil es zu dürftig wäre:
> Man sollt' vielmehr als *Orient* ihn kennen.«

Der Orient war schon in der Spätantike für die westliche Welt zu einem Inbegriff höchster spiritueller Weisheit geworden. Bis zum fernen Indien, bis zu den heiligen Brahmanen am Ganges, weitete sich der Horizont der Sehnsucht. Die religiöse Glut des Ostens faszinierte den so viel kargeren, trocken-vernünftigen Westen. Ex oriente lux – Das Licht kommt aus dem Osten! Vor diesem Hintergrund muß man wohl die unerwartete und in der gängigen Geistigkeit des Spätmittelalters überraschende Andeutung bei Dante verstehen.

Seht doch – so sagt er gleichsam –, es ist für uns nicht mehr notwendig, sehnsüchtig nach dem »Ganges« Ausschau zu halten: hier bei uns im Land ist das lichtspendende Gestirn aufgegangen, das einer neuen Zeit, dem geheimnisvollen kommenden Zeitalter des Geistes, voranleuchtet. Nennt die Stadt des Franziskus nicht mehr »Assisi«, nennt sie »Orient«: denn hier ist der Ganges der christlichen Welt.

Freilich: daß einmal Wissende und Weise, daß die großen, die tiefen Geister sich nach Assisi »orientieren« würden, war dem Sohn des Kaufmanns Pietro Bernardone nicht an der Wiege gesungen worden. Und eigentlich sah es auch nicht so aus, als sei es ihm in den Sternen geschrieben. Ein Träumer, ein Romantiker, ein Dichter oder Sänger: dazu schien der junge Francesco eher das Zeug zu haben. Hat er nicht von Jugend an davon geschwärmt, als Troubadour sein Leben im Dienst einer hohen Minne zu verschwenden? Und irgendwo ist er auch zeitlebens immer ein Troubadour gewesen: ein fahrender Sänger Gottes, unterwegs auf Gottes Straßen, gesandt zu denen, die Gottes Kinder sind und werden sollen. Immer liebte er es, was ihn besonders bewegte, was er den Menschen zu sagen hatte, im Lied auszusingen. Wenn ihn die Begeisterung hinriß, wurde er allemal wieder zum fahrenden Minnesänger seiner Jugendträume: da sprach er dann auch französisch, oder genauer: provenzalisch, die Mundart der Troubadoure. Wenn in den Geschichten aus seinem Leben vermerkt wird, er habe dabei französisch (bzw. provenzalisch) gesprochen, so weiß man schon, wie ihm zumute gewesen ist. Dabei beherrschte er das Französische gar nicht richtig und war doch irgendwie geistig ein »Französlein« – wie ihn merk-

10

würdigerweise schon sein Vater genannt hatte, als er von seiner Geschäftsreise nach Frankreich heimkehrte, den inzwischen geborenen »Giovanni« (so hatte die Mutter ihn taufen lassen) vorfand und ihn einfach umnannte – »Francesco«: sei es aus einer Laune, sei es aus Vorliebe für das Land, aus dem er gerade kam.

Freilich: der Troubadour Gottes, der er in einem Winkel seines Herzens immer blieb, war Franz nicht von Anfang an gewesen, und welcher *Donna* er sein Leben weihen könne, wußte er jahrelang nicht. Noch unbestimmt, verworren waren seine Träume von Dienst und Treue, von Ritterkampf und künftigem Ruhm, als er an der Spitze der reichen Bürgersöhne mit seiner übermütigen Schar die Gassen Assisis unsicher machte, von Festgelage zu Festgelage zog, allerlei Allotria trieb und das Geld seines reichen Vaters mit vollen Händen verschwendete.

Bis er zum erstenmal jene geheimnisvolle Stimme hörte – im Halbschlaf (die er dann später noch öfter, dann aber hellwach, vernehmen sollte). Eine erste Ahnung dämmerte ihm auf, daß er um anderen Lohn als um Ritterruhm zu dienen haben würde und daß die Donna, die Hohe Fraue, die die Gebieterin seines Lebens werden sollte, wohl nicht auf einer der Burgen weltlicher Herren wohnt.

In Spoleto hatte Franz diese Traumstimme gehört, in der ersten Nacht nach seinem Aufbruch zu großen ritterlichen Abenteuern. Franz gehorchte der Stimme, kehrte spornstreichs nach Assisi zurück. Aber was ihm bestimmt war, was er tun sollte – er wußte es nicht.

Eine schwierige Zeit begann: eine Zeit des Wartens, des Suchens – hin und her gerissen zwischen unverstandenen Sehnsüchten und nicht recht begreifbaren Gewissensbedrängnissen. Irgend etwas zog ihn zu den Armen hin, den Bettlern – immer mehr. Mählich, sehr langsam, erkannte Franz, *wen* seine Seele seit langem suchte: die Donna, der sein Leben gehören sollte. »Frau Armut« (»Frau« hier im ursprünglichen Sinn der »Gebieterin«, »Herrin«) hat Franziskus sie später voller Zärtlichkeit genannt und hat sie verehrt wie nur je ein fahrender Ritter seine Herzensdame, der er seine Minne geweiht hat.

11

Ihr hat er gedient, sein Leben lang, hingerissen vom Adel ihrer »Schönheit« – hat sie gegen jeden Angriff verteidigt, vor Schmähungen sie in Schutz genommen. Armut war ihm niemals bloßes Mittel der Askese, eine schmerzliche Entbehrung, die er aus Liebe zu Gott auf sich genommen hätte: sie war der Schatz, den er gefunden, die kostbare Perle, für die er alles andere dranzugeben bereit war.

Dieser Bund des Franziskus mit »Herrin Armut« ist keine bloß rührende poetische Allegorie. Und als »idyllisch« haben die Bürger Assisis diesen seltsamen Minnedienst auch nicht empfinden können. Eher dachten sie, Franz habe den Verstand verloren, als er eines Tages in ihren Gassen wieder auftauchte, völlig verändert, abgemagert, im groben Sackleinen des Bettlers – er, der sich noch vor wenigen Monaten über seinen Stand hinaus zu kleiden und zu zieren pflegte.

Da ging er nun, der Genießer und Feinschmecker von ehedem, ging mit einem Bettlernapf von Haus zu Haus, demütig an den Türen um Speisereste bittend. Den Vater packte die kalte Wut: Welche Schmach für die Familie, die zu den angesehensten der Stadt gehörte! Die alten Kumpane waren befremdet und abgestoßen. Hätte ihr ehemaliger Anführer sein Bettlerleben wenigstens als Bußleben hingestellt, man hätte ihn noch irgendwie verstehen können. Freiwillig gewählte Armut als Mittel der Selbstkasteiung, das wäre in ihre mittelalterlichen Köpfe wohl hineingegangen. »So etwas gibt es« – das wußten sie, das kannten sie. Aber Franz gebärdete sich ganz anders. Er tat, als hätte er das große Los gezogen – als wäre Armut nicht Last, sondern Auszeichnung, eine Glücksspenderin, Quelle der Freude und Sprungbrett in die große Freiheit.

Aber ist's denn nicht das Geld, das »frei« macht, braucht man nicht Vermögen und Macht, um unabhängig zu sein? Franz stellt ja alles auf den Kopf, brüskiert den gesunden Menschenverstand, dreht alle spontanen natürlichen Wertmaßstäbe um!

Trotz der ungeheuren Faszination, die von der Gestalt des Franziskus ausging und ausgeht, blieb denn auch der Kern dieser Lebensgestalt den meisten Menschen unbegriffen und rätselhaft, bis zum heutigen Tag

– was allerdings der Verehrung des Heiligen nicht Abbruch getan hat, im Gegenteil!

Wie sollte auch die Welt einen Heiligen nicht lieben, der den Vögeln predigte und alle Kreaturen als seine Geschwister betrachtete? Diesen merkwürdigen Christen, der im Lager des Kreuzzugsheeres Liebe zu den »Ungläubigen« gepredigt und der vor dem Sultan und seinen Würdenträgern mit einer so sanftmütigen Demut über Christus gesprochen hat, daß jeder Muselman ihn ergriffen und ehrerbietig anhören konnte? Wie sollten schließlich die Christenmenschen den Heiligen nicht lieben, der in einer so geheimnisvollen Gleichzeitigkeit mit Jesus lebte, daß er in einer Weihnachtsnacht bei Greccio fast wie in einem Mysterienspiel die Geburt zu Bethlehem lebendig werden ließ und schließlich zwei Jahre vor seinem Tod auf dem Alverner Berg die Wundmale Christi an seinem Leib empfing?

Aber die Personmitte, aus der alles hervorquillt, der Wesenskern, aus dem es strömt – die Nachfolge des *armen* Jesus von Nazareth –, blieb für die meisten ein dunkler Bezirk, unausgeleuchtet, später wie damals! Viele Anhänger nahmen von Franz die Kutte, vom Zauber seiner Persönlichkeit überwältigt, vom Lichtglanz seiner Christusähnlichkeit hingerissen, von der Glut seiner Frömmigkeit angesteckt – und blieben doch seinem eigentlichen Lebensgeheimnis gegenüber fremd, befremdet, oft sogar ablehnend. – Die Wirren über das Armutsideal haben schon in der Ursprungszeit des Ordens begonnen und die letzten Lebensjahre des Franziskus überschattet.

Wenige waren es, sehr wenige, denen der »Schatz«, den Franz im Acker des Evangeliums gefunden hatte, *so* kostbar erschienen wäre, daß sie dafür alles, wirklich *alles* andere drangegeben hätten! Wohl waren sie bereit, der »Armut« einen gewissen Platz in ihrem Leben einzuräumen, aber nicht den *ganzen* – wie es der Minnedienst gefordert hätte, wenn man einmal eine Hohe Frau zur Herzensdame erkoren hat!

Nun muß man allerdings eins beachten:

Armut, wie Franziskus sie geliebt und gelebt hat, ist eine andere Armut als jene uralte Feindin des Menschengeschlechts, die das Leben vergiftet, die Familie zerrüttet, Kindheit verdirbt. Einem solch gefräßigen, zerstörerischen Ungeheuer hätte Franz niemals sein Leben geweiht.

Es gibt ein Armsein, das *frei* macht (»freiwillig« nannten Franz und seine Brüder es): das erwählte, gewollte, zumindest bejahte Armsein! Es gibt aber auch ein Armsein, das versklavt.

Nennen wir das erste (um uns in der Sprache des Franziskus miteinander verständigen zu können) »*Armut*« – und wählen wir für die zerstörerische Gestalt des Armseins den Ausdruck »*Not*«. – Aus *Not* ist das Element des Peinigenden spontan herauszuhören, während der »fröhliche«, der »glückliche« *Arme* kein Widerspruch in sich selbst ist.

Es ist schließlich etwas anderes, von ungestillten Bedürfnissen gequält zu werden – als bedürfnislos zu sein und darum fröhlich verzichten zu können.

Franz liebte die Armut, nicht die »Not«. Wo nur noch Qual der Entbehrung fühlbar ist und sonst nichts, ist »Herrin Armut« fern, der Franziskus sein Leben geweiht und in deren Dienst er die »große Freude« gefunden hat. Wenn er nicht *hatte*, was jedermann normalerweise besitzt oder besitzen will, so *brauchte* er doch nicht, was er nicht hatte: und das erfüllte ihn mit einem elementaren Gefühl der Freiheit. Dem Menschen in *Not* dagegen fehlt, was er (existentiell!) *braucht*: von daher das so peinigende Gefühl, daß seine Bedürfnisse ungestillt bleiben, daß er »frustriert«, beraubt, enterbt, beengt, geknebelt, behindert, »unfrei« ist.

Nein: *Not* hat Franziskus nie gepriesen oder glorifiziert. Wo wirklich einmal Not einreißt, soll ihr schleunigst abgeholfen werden. Was also, wenn das tägliche Brot fehlt? Sagt Franziskus, dann könne man ruhig zur »Sozialfürsorge« gehen? Natürlich nicht, so etwas gab es ja damals noch nicht. Statt zur Sozialfürsorge ging man *betteln*. Aber das ist doch etwas anderes? Ja – aber nach Meinung des heiligen Franz in durchaus *positivem* Sinn.

Betteln war für ihn so etwas wie der »Heiligenschein« der »heiligen Armut« – in dem ihr verborgenes himmlisches Licht einen Hauch von Sichtbarkeit gewinnt.

14

Dabei war Betteln in der Lebensordnung der Brüder keineswegs bequemer Ersatz für die Mühsal der Arbeit. Von Nichtstuern wollte Franziskus nichts wissen. Noch in seinem Testament beschwört er die Brüder, mit ihren Händen zu arbeiten, wie auch er immer gearbeitet habe. Wer aber ums tägliche Brot zu arbeiten bereit ist, der darf, wenn's dann doch nicht reicht oder sonstwie Not einreißt, sich an die freigebige Güte Gottes halten, denn *das* bedeutet »betteln« in den Augen des Franziskus. Alles nämlich, was aus Mitgefühl einem Armen gegeben wird, kommt aus einer Liebe, die letztlich von Gott ist. Darum ist das freiwillig, »ungeschuldet« dem Bedürftigen Gegebene ein *Gottesgeschenk*: kostbarer in den Augen des Franziskus als alles selbst Erarbeitete. Umgekehrt: weil Almosen somit die den Darbenden gehörenden Gottesgaben sind, darf man nur in wirklicher Not betteln gehen, um nicht zu mindern, was ausschließlich für die wirklich Not-Leidenden bestimmt ist.

Eine entwaffnende Logik, die auch von Menschen des 20. Jahrhunderts noch als »zwingend« empfunden werden kann – falls sie die christlichen Prämissen des Franziskus teilen. Wenn wir auch heute nicht mehr den Bettel-gang dem Gang zur Sozialfürsorge vorziehen würden und das Schicksal der Bedürftigen nicht einfach nur auf »Caritas« statt auf soziale Gerechtigkeit stellen möchten, so bleibt im zwischenmenschlichen Bereich des Alltagslebens die Botschaft des Franziskus dennoch »wahr«.

Mit seiner ganzen Existenz nämlich predigt der Poverello, der Kleine Arme: Willst du, daß dein Tag von Morgen bis Abend von Gott bestimmt sei, willst du *Gott* handgreiflich erfahren, dann vertraue dich ganz der Güte deines Nächsten an. Alles, was er aus Liebe dir gibt, kommt von Gott. Du wirst Wunder himmlischer Freigebigkeit erleben, wo du *bittest*, dagegen alle Enge egoistischer Selbstverteidigung, wo du forderst. Vergiß lieber dein »Recht«, verzichte auf deine »Ansprüche«, komme nicht hochfahrend daher wie die Besitzenden, Berechtigten, »Reichen«, sondern demütig wie die »Armen«, die Rechtlosen – bitte, und fordere nicht: so wirst du die göttliche Güte, die im Herzen deines Nächsten schlummert, erwecken.

Das ist zweifellos der Inhalt der Bergpredigt, auf ihren einfachsten Nenner gebracht; und das ist ebenso zweifellos der Geist der franziskanischen Armut, insofern er mit dem Geist des Evangeliums, mit dem »Wesen des Christlichen« identisch ist.

Wirklich identisch, denn für Franziskus spiegelt sich in dieser äußeren Armut nur die innere, die wesenhafte Armut des Menschen vor Gott,

denn nichts hat der Mensch, was er Gott gegenüber »geltend« machen könnte, kein Recht, keinen Anspruch, keinerlei Verdienst,

ist und bleibt er doch ein Habenichts, ist und bleibt doch seine einzige Chance die verschwenderische Liebe Gottes!

Und doch ist damit noch nicht erfaßt, was die konkrete Gestalt des Franziskus und das Spezifische seines Lebensweges ausmacht. Denn daß er den »Geist des Evangeliums« repräsentiert, teilt er mit anderen Heiligen.

Das Einmalige an Franziskus, das Unverwechselbare seines Lebensweges ist, daß er den Geist des Evangeliums in einem *Leben nach der Form des Evangeliums* sichtbar werden läßt. So wie Jesus seine Botschaft durch sein Leben ins Zeichen setzt, will Franziskus, im wörtlichen Sinn Jesus nachfolgend, in seinen Fußspuren hinter ihm hergehend, das Evangelium Christi wieder an-schaulich werden lassen.

Das ging bis zu einer kindlichen Nachahmung der Lebensweise Jesu und seiner Jünger. Darum konnte ihm der »Geist der Armut«, den schließlich auch ein frommer Bischof in seinem Palais oder ein gewissenhafter Mönch in seiner reichen Abtei haben und leben kann, *nicht* genügen. Nicht weil er einem solchen Bischof oder Mönch ein Leben im Geist des Evangeliums abgesprochen hätte, sondern weil er mit seinen Brüdern sich berufen fühlte, das herrliche Geheimnis der Armut im alltäglichen Leben wieder so anschaubar werden zu lassen, wie es im Leben Jesu und seiner Jünger sichtbar gewesen war – der Armut in aller Öffentlichkeit den Ehrenplatz zurückzugeben, der ihr im christlichen Heilskosmos zukommt – ihr vor aller Augen zu dienen. damit alle sehen, buchstäblich mit ihren Augen, wie köstlich sie solchen Dienst belohnt.

Der Kleine Arme von Assisi hat keine Bücher über die Mysterien des Christentums geschrieben wie die Geistesfürsten der Scholastik. Sein Leben ist das Buch, in dem alles zum Ausdruck kommt, was er zu sagen hatte. Nicht zufällig beginnen unmittelbar nach seinem Tod schon die ersten »Legenden« über sein Leben zu erscheinen. Die Zeitgenossen des Franziskus haben offenbar genau empfunden, daß es galt, *das Buch*, das Franz mit seinem *Leben* geschrieben hat, so getreu wie möglich der Nachwelt zu überliefern. Ein rätselhaftes Buch, dieses Franziskusleben: keiner der Biographen vermochte es, die sieben Siegel dieses Buches zu lösen. Eine ungeheure Faszination ging von Franziskus aus: Groß und Klein, Einfältige und Gelehrte, Männer wie Frauen, Bauern, Städter, Bürger, Ritter, Fürsten, Bischöfe, Kardinäle, Päpste gerieten in seinen Bann. Aber warum?

Niemand konnte Franziskus für einen besonders gelehrten Mann halten, wenngleich er (was damals nicht selbstverständlich war) lesen und notdürftig schreiben konnte – auch in Latein, das damals nicht mehr die Sprache des Volkes war, der Volkssprache aber noch viel näher stand als das heutige Italienisch. In seiner körperlichen Erscheinung hatte Franz ebenfalls nichts Imponierendes: er war eher unansehnlich, ungewöhnlich klein – mit zarten Gesichtszügen, feingliedrigen Händen, aber auch mit niedriger Stirn und abstehenden Ohren. Kein Mann also, der durch seine äußere Erscheinung auf eine Menschenmenge hätte Eindruck machen können!

Und doch lief alle Welt ihm nach, strömten die Anhänger ihm zu: unter ihnen ungewöhnlich viele hochgelehrte Männer. In wenigen Jahren war aus der Handvoll von Brüdern, die sich dem Armen von Assisi schon bald angeschlossen hatten, eine vieltausendköpfige Schar geworden (etwa zwanzigtausend waren es beim Tod des Heiligen), die sein Kleid tragen und auf seine Weise nach dem Evangelium leben wollte. Selbst kirchliche und weltliche Machthaber konnten sich dem Einfluß des kleinen und machtlosen Mannes nicht entziehen.

17

Seine ungeheure Ausstrahlung hatte sicher »auch« etwas mit seinem Naturell zu tun: er war entflammbar, und wenn er entflammt war, brannte er lichterloh, und wenn er brannte, griff sein Feuer über. Das war kein Strohfeuer, das schnell aufflackert und genauso schnell wieder in sich zusammenfällt. Die Begeisterung, die ihn packen konnte, hatte etwas Elementarisches. Franziskus hatte überhaupt etwas Urhaftes: ein Mensch, der nicht einseitig vom Kopf her, aus dem Verstand heraus lebt, sondern aus der Mitte, dem »Herzen«, aus den »Eingeweiden«, die in der Psychologie der Alten eine so große Rolle spielen. Nicht in der intellektuellen Begabung, sondern in der *emotionalen* Begabung lag seine Genialität.

Das zeigte sich schon in der Geschichte seiner »Bekehrung«: denn in diesem Jahre währenden Prozeß hatte sich doch *ein* entscheidender Wendepunkt abgezeichnet – und dieser Wendepunkt war durch ein Umsturzerlebnis innerhalb der Sphäre des Empfindungs- und Gefühlslebens markiert. Das neue Leben hat für Franz mit einer Revolution im Bereich des Emotionalen begonnen: damals, als er, seinen Ekel bezwingend, sich über die Hand eines Aussätzigen beugte und sie – küßte. Das war der Augenblick gewesen, da ihm »Erleuchtung« widerfuhr, wie die Weisen des Ostens es nennen würden. In diesem Augenblick erschütterte ein inneres Erdbeben das Ge-Schichte seiner Seele, so daß das emotionale Wahrnehmungsgefüge umgeschichtet wurde. Was ihn bisher angezogen und begeistert hatte, was ihm hinreißend und begehrenswert erschienen war (wie jedem anderen von den reichen Bürgersöhnen seiner Vaterstadt), kam ihm fortan abstoßend vor; wovor er früher zurückgewichen wäre, was ihm Grauen oder Ekel bereitet hätte, erschien ihm nun anziehend – unnennbar »süß«.

Noch im *Testament*, kurz vor seinem Tod geschrieben, hat Franziskus *diesen* Tag als den Beginn seines neuen Lebens bezeichnet. Er empfand die geradezu sinnliche Veränderung seiner Gefühle als das überraschende, überwältigende, gnadenhafte Resultat seiner Begegnung mit dem Aussätzigen. Seit er den Leprakranken geküßt hatte, war nichts mehr im Weg gewesen, was den Strom seiner ekstatischen Liebe hätte hemmen

18

können – mochte der Bruder, der ihm begegnete, an seinem Leib oder an seiner Seele noch so entstellt sein. Es war ein Strom mystischer Einsfühlung, in den nicht nur die Mitmenschen, sondern alle Kreaturen (buchstäblich bis zum kleinsten Wurm, bis zum letzten Grashalm) mit einbeschlossen waren.

Die Schlüsselfunktion des Emotionalen blieb also erhalten – eben und gerade auch nach der Bekehrung. Die Intensität der Gefühlsreaktionen wurde nicht gedämpft – aber das gesamte Gefühlsleben war verwandelt: das zuvor Bittere schmeckte ihm jetzt süß – was ihm früher süß vorgekommen war, erschien ihm nun bitter. Franziskus bleibt der Gefühlsexzentriker, der er immer gewesen war. Seine Emotionen sind lediglich »umgepolt« worden auf die Liebe, die Gott in ihm erweckt hat. Darum darf er sich auch weiterhin seinen Gefühlen überlassen, braucht nicht auf der Hut zu sein vor emotionalen Reaktionen.

Natürlich ist es nicht die elementarhafte Emotionalität allein, die seine ungeheure Ausstrahlung ausmachte. Zum feurigen *Naturell* kommt der *Geist-Brand*, der es entzündet. Als ein Geist-Gewaltiger ist Franz seinen Zeitgenossen denn auch erschienen, so daß die Leute sich später fragten: Ist vielleicht *er* es, mit dem das »Dritte Zeitalter« beginnt – jene »Zeit des Geistes«, die Joachim von Fiore angekündigt hatte?

Dabei kannte der Kleine Arme sich nicht einmal in den Textordnungen der Bibel genügend aus, um sich ihrer – zitierend – sicher bedienen zu können; er war ziemlich hilflos, wenn er eine bestimmte Stelle suchte, und brauchte dafür die Hilfe der Brüder, die gelehrter waren als er. Aber mit nachtwandlerischer Sicherheit hatte Franz erfaßt, was das Evangelium Jesu seiner Zeit zu sagen hatte, in der die Gier nach Geld und Macht alles Irdische und alles geistliche Leben korrumpierte und der »Reichtum« zu einem Krebsübel in Welt und Kirche geworden war. Er hatte es erfaßt aus jener Geistesverwandtschaft mit Christus – nein: »Geistesidentität«, die ja eigentlich das Wesensmerkmal des Christen überhaupt sein müßte.

Und es ist bezeichnend für Franziskus, wie es kam, daß der »Funke« übersprang: von Christus auf ihn. Von dem Augenblick an, da das Kreuz in San Damiano zu ihm gesprochen hatte, *lebte Christus als der Gekreuzigte in ihm.*

»Wirklich durch und durch spürte er diese Verwandlung seines Wesens; und weil er selbst dafür keine Worte finden konnte, kommt es auch uns zu zu schweigen«, heißt es in der Zweiten Lebensbeschreibung des Thomas von Celano. In der Erzählung der »Drei Gefährten«, deren Version der Geschichte für unsere »Texte« gewählt wurde, kommt diese Wandlung nicht weniger deutlich zum Ausdruck.

Dies ist der zweite Kulminationspunkt in der Bekehrungsgeschichte des Franziskus: und der erste, die Begegnung mit dem Aussätzigen, war gewissermaßen nur die Vorbereitung dazu. Gerade erst hat Franz jenen Wendepunkt erlebt, den er selbst als den Augenblick seiner »Bekehrung« empfunden hat: die Metamorphose seiner Gefühle, so daß ihm nun »süß schmeckt«, was ihm zuvor »bitter und widerwärtig« gewesen war. Dieser neue Franziskus findet nun auch Christus neu – erlebt ihn, wie er ihn bisher noch nie erlebt hatte. Das Bild des Gekreuzigten in San Damiano »spricht« zu ihm (»Franz, siehst du nicht, wie mein Haus verfällt? Geh und stelle es wieder her!«). Dabei hätten sich »die Lippen auf dem Bilde bewegt«, schreibt Thomas von Celano. Mittelalterlicher Wunderglaube? Celano ist ein nüchterner Biograph – und empfindet durchaus das Ganze als eine »unerhörte Begebenheit«.

Man kann übrigens »das Kreuz, das zu Franziskus gesprochen hat« (wie die Leute von Assisi sich heute noch ausdrücken), in der Kirche Sankt Klara sehen. Es ist eine romanische, auf Leinwand gemalte, auf Holz gespannte Kreuzesdarstellung umbrischer Schule mit stark syrischem Einschlag. Ein Meditationsbild von suggestiver Kraft! Hat man es lange genug betrachtet, kann einen der Eindruck anwandeln, als löse sich der Gekreuzigte vom Bildhintergrund des damaligen Geschehens vor zweitausend Jahren und komme nach »vorn«, gleichsam in unsere Raum-Zeit hinein, werde »gegenwärtig«, örtlich wie zeitlich.

Jedenfalls – und wie immer man interpretieren mag, was in San Damiano »mit dem Kreuz passierte« –: dem durch die

Begegnung mit dem Aussätzigen seelisch aufgebrochenen, verwandelten Franziskus wird Christus als der *Gekreuzigte* lebendig.

In *dem* Augenblick hat er das Thema seines Lebens empfangen: und alles andere gerät unter die Prägekraft dieses Themas.

Vor allem die Kirche! Ist sie doch dafür da, dem *Kreuz* in der Welt Heimstatt zu sein: das *Haus des Gekreuzigten*. Aber ist sie das denn? Hat sie nicht längst die Macht zu ihrer Sache gemacht? »Siehst du nicht, wie mein Haus dem Zusammensturz nahe ist?« Im selben Augenblick, als der Gekreuzigte für Franz lebendig wird, nimmt er wahr, wie's um die Kirche steht.

Gewiß: zunächst denkt er, es ginge nur um das alte Kirchlein von San Damiano. Aber seine Seele weiß wohl von Anfang an schon mehr. Wie wäre sonst die Ekstase des Eifers zu verstehen, mit dem er sich an die Arbeit macht. Lebenslänglich bleibt *Kirche* ihm, wie's schon der Sprachgebrauch nahelegt, *beides* zugleich: das konkrete Gotteshaus aus Steinen und, darin versinnbildet und präsent, die *eine* Kirche auf dem ganzen Erdenrund. Franziskus erbarmt, wie es um sie steht, alles möchte er tun, damit sie wieder schön werde vor Gott. Darum ziehen die vernachlässigten armseligen Kirchen ihn wie magnetisch an. Den Besen hat er immer dabei – damit wenigstens mit dem Ausfegen schon mal begonnen werde.

Dabei weiß er wohl, daß der Unrat in der großen Catholica von ärgerer Art ist als Schmutz, Schutt oder Spinnweben in diesem oder jenem verkommenen Kirchlein. Der Reichtum – die Macht! Und die Gier nach noch mehr Reichtum und noch mehr Macht, die die Seelen verdirbt – angefangen von den höchsten Kirchenfürsten, über die Prälaten, die Kleriker und Mönche bis zu den einfachen Gläubigen im Kirchenvolk! Das Geld regiert und der Wille nach immer mehr Geld. Die Macht herrscht und das Verlangen, sie auszuweiten und immer mehr zu festigen.

Welch ein Widersinn für die Kirche Gottes! Nackt und arm hängt er am Kreuz – so wie er nackt, arm und ohnmächtig war, als er in Bethlehem geboren wurde. Das Kind in der Krippe – und der Gekreuzigte am Schandpfahl: *so* also tritt *Gott* in dieser Welt auf! Nicht seine Macht setzt er ein gegen die Anmaßung der Gewaltigen und Gewalttäter, sondern erniedrigt sich, läßt sich geringachten, will nicht herrschen, sondern dienen, ist ohnmächtig und arm, demütig und sanft: gehorsam bis zum Tod, ja bis zum Tod am Kreuz.

Ist nicht *Gehorsam* die allerempfindlichste Art der Armut – Armut, die ans innere Mark geht? Wer zwar keinerlei Güter hätte, aber darauf besteht, nach seinem Gutdünken zu leben – gehörte der nicht immer noch zu den »Reichen«, die in protziger Selbstmächtigkeit daherkommen? Haust so einer doch in seinem Eigen-Willen ebenso unangreifbar wie in einer befestigten Burg, nicht weniger auf Selbstverteidigung bedacht, auf Selbstbehauptung als ein anderer, der äußere Güter und Machtpositionen zu wahren hat! Im Lauf der Jahre gewinnt für Franz neben der äußeren Armut diese innere Armut der Entblößung von allem Eigen-Willen immer größeres Gewicht.

Dieser Gehorsam steht in einem anderen geistigen Kontext als jene Gehorsamshaltung, die wir im Namen von »Mündigkeit« und »Gewissensfreiheit« anzuprangern gewohnt sind. Unterordnung unter eine Autorität ist für Franz nur *ein* Anwendungsfall seiner grundsätzlichen Gehorsamsbereitschaft. Ihm geht es um viel mehr. Er will *jedem* gehorchen, nicht nur irgendwelchen Oberen. Was wir manchmal im Scherz zu sagen pflegen, ist ihm völlig ernst: »Dein Wunsch ist mir Befehl!« Er will sich nicht mehr daran orientieren, was *ihm* am liebsten wäre, sondern was der andere gerne möchte. Diese Fügsamkeit jedem gegenüber (sei er, wer immer er wolle), weich und bereit für dessen Wünschen und Bedürfen, nicht mehr verhärtet durch die Verteidigung der eigenen Bedürfnisse: das wird für Franz zur Krönung der Armut.

Das ist die Demut, von der er immer wieder spricht, eine Demut, für die er keine Ausnahme, keine Dispens gelten läßt. Und er fordert diese Demut nicht nur allen Menschen, sondern auch den übrigen Kreaturen gegenüber. Denn was heißt schon »höhere« oder »niedere« Geschöpfe, da doch *alle* den gleichen Gott zum Vater haben und darum *alle* Brüder und Schwestern genannt werden können – und sind! So ist ihm sogar der tollkühne Einfall gekommen, auch den *Tieren* schulde er Gehorsam: Unterordnung unter ihre Bedürfnisse – unter Hintansetzung der eigenen Bedürfnisse. Da doch sogar *Gott* Fleisch geworden ist, um *Menschen* zu dienen!

Aber obwohl ganz erfüllt von diesem Pathos der Niedrigkeit, rebelliert Franz nicht gegen Obrigkeits- und Ordnungsstrukturen schlechthin. Er denkt nicht, daß »die Welt« völlig ohne Regiment und Rangunterschiede auskommen könnte – auch die Kirche nicht. Nicht einmal sein Orden! Franziskus hat ein tiefes Empfinden für die »Heiligkeit« kirchlicher Autorität, wenn er sie auch, besonders innerhalb seiner Brüderschaft, ganz und gar als demütigen Dienst versteht, die Oberen nur »Diener« (»Minister« im ursprünglichen Sinn des Wortes) nennen will und dem Leitungsamt innerhalb seiner Brüderschaft einen für die damalige Zeit erstaunlich »demokratischen« Zuschnitt gegeben hat.

Noch einmal: Für Franz hat wahre, richtig ausgeübte Autorität etwas »Heiliges«: einen Widerschein der Autorität dessen, der der König des Alls ist.

Um so geheimnisvoller erscheint es ihm, daß Gott, um in der Welt zu wirken, den Weg der Ohn-Macht vorgezogen hat. Der König der Könige erscheint in Knechtsgestalt. *Das* wird zum Faszinosum seines eigenen Lebens. Gott geht »den unteren Weg«. Darum will auch Franz nur noch der sein, der *unten* ist, *so* unten, daß man niedriger, geringer nicht sein kann als er. Mit wem immer er zu tun bekommt, er fühlt sich als der »mindere« von beiden: der Minder-Bruder eines jeden.

Und da er allen zu dienen und zu gehorchen hat, ist er – welch Paradox! – der Allerfreieste.

Denn wenn man erst einmal in der allgemeinen »Hackordnung« (wie wir's heute nennen würden) auf dem allerletzten Platz angelangt ist, hat man keinen Rangplatz mehr zu verteidigen, braucht man sich nicht mehr zu behaupten und durchzusetzen – kann einfach dienen und lieben, ohne mit der geringsten Sorge fürs eigene Ansehen, die Selbstgeltung, für erklommenen Rang und errungene Macht beschwert zu sein.

Wer keine Macht hat und keine Macht will, den geht der allgemeine Machtkampf nichts an. Wer sich entschlossen hat, jedem gegenüber der Geringere zu sein, den kann niemand nach unten drücken. Wer keine Selbstgeltung sucht, braucht keinen Menschen der Welt daraufhin zu beobachten, was *der* wohl von ihm hält.

Und wer so arm ist, daß er überhaupt nichts zu eigen hat, den kann kein Räuber berauben. Darum ist für Franziskus und seinesgleichen ein Räuber kein »Räuber«, vor dem man sich fürchtet, sondern ein Mensch, den man retten möchte.

Ein *Habenichts hat* eben *nichts*, was er verlieren, einbüßen könnte: er ist aller Ängste und Sorgen ledig.

Welcher König könnte unabhängiger sein?

Das ist die Freiheit und die Freude, mit der »Frau Armut« alle belohnt, die in ihren Dienst getreten sind.

Und der *Friede*, der in ihrem »Reich« herrscht!

Nicht verstrickt in die Händel der Welt, sind Franz und seine Gefährten Männer des Friedens, die Frieden bringen, wohin immer sie kommen. Friedensstifter!

Außerdem liegt es in der Natur der Sache, daß die Hohe Frau Armut ihre Getreuen vom Morgen bis zum Abend mit Geschenken verwöhnt.

Da dem Habenichts keinerlei Anspruch zusteht auf irgend etwas, nicht das geringste Recht auf Eigentum, Verfügung oder Nutznießung, wird ihm alles zum Geschenk, zur Gabe der Liebe – voller Überraschung, Herzensfreude und Dankbarkeit empfangen und mit der unbeschwerten Fröhlichkeit eines Kindes genossen. Das Stück Brot, das den Hunger stillt! Das Leuchten des Mondes, das den nächtlichen Weg erhellt! Das wärmende Feuer, wenn man durchfroren ist! Das freundliche Entgegenkommen der Leute, das der »Nichtsnutzige« als unverdiente Verwöhnung empfindet!

Der unsterbliche »Sonnengesang« ist kein Ausdruck romantischen Naturempfindens. Da macht der kleine Bruder Franz seinem Herzen Luft, das randvoll ist von Dankbarkeit gegen die Geschwister Kreaturen, die ihm Licht und Wärme, Erquickung und Nahrung spenden. Sonne, Mond, Erde, Feuer, Wasser, Wind: durch sie kommen ihm all die Güter zu, durch die Gott sein Leben erhält. Für Franziskus waren Feuer, Wasser, Luft oder Erde keine bloß physikalischen Realitäten, sondern in ihrer sichtbaren Dimension der alleräußerste Rand einer geistigen, unsichtbaren Wirklichkeit. Im lodernden Feuer etwa, das Licht spendet und Wärme, kommt für ihn die lebenschaffende, erleuchtende Kraft des Schöpfers zu seiner geschöpflichen Erscheinung.

Freilich bescherte das Leben dem Poverello nicht nur ekstatische Freuden. Wie alle stark vom Gefühl her bestimmten Menschen hat auch er viel geweint. Bei Greccio, wo er drei Jahre vor seinem Tod Weihnachten auf eine ganz neue, unerhörte Weise gefeiert hat – in diesem uralten Felsenkloster –, wird heute noch das Bild des »Weinenden Franziskus« verehrt. Das ist nicht der »Bruder Immerfroh«, als den die Nachwelt mit Vorliebe den Heiligen aus Assisi sehen wollte. Da sieht man eine klägliche Gestalt, bejammernswert: der kleine, hagere Mann, bis in die Haltung der Füße hinein ein Bild des Elends (Franz hat unter den Stigmata so sehr gelitten, daß er kaum mehr gehen konnte) – und das große Tränentuch, das er in der Hand hält und an die schmerzenden Augen führt.

Dennoch gehört nicht nur der Tod, sondern auch jedes Leid, ja selbst der körperliche Schmerz für Franz zu jenen Dingen dieser Welt, in denen er so etwas wie eine göttliche Geheimbotschaft an seine Seele entdeckt und entschlüsselt. Mögen sie noch so feindlich erscheinen – sie tun dem Menschen doch Freundesdienst, wenn er sie richtig aufnimmt, annimmt. Wie er den Tod als *Bruder* begrüßt hat, so wollte er auch seine körperlichen Schmerzen (und er hat unbeschreiblich gelitten) nicht *Peinen* nennen, sondern *Schwestern*. Er lebte schon ganz in jener Umkehrwelt, die das Evangelium widerspiegelt und die in den Seligpreisungen der Bergpredigt auf ihre knappste Formel gebracht wird.

Ein wahrhaft »seliger Armer«.

Als Franziskus am 3. Oktober 1226 in Portiuncula bei Assisi starb, erst vierundvierzig Jahre alt, konnte er jubelnd von sich bekennen, daß er seiner Herrin und Gebieterin, seiner Donna, der Dame seines Herzens

– der geliebten *Frau Armut* –

die Treue bis in den Tod gehalten habe.

»DER HERR VERLIEH MIR,
BRUDER·FRANZ,
DEN ANFANG
DES NEUEN WEGES
AUF FOLGENDE WEISE«

Der Kleidertausch

Schon längst war er ein Wohltäter der Armen,
doch von jetzt an beschloß er noch fester
in seinem Herzen, keinem Bedürftigen, der ihn
um Gottes willen bitte, etwas abzuschlagen. . . So
hatte ihn die göttliche Gnade umgewandelt, obschon
er noch weltliche Kleider trug. Darum wünschte
er sich manchmal, in irgendeiner fremden Stadt zu
sein, unbekannt, wo er mit einem Bettler das Kleid
tauschen und versuchen könne, um der Liebe Gottes
willen Almosen für sich zu erbitten.
Es geschah aber, daß er gerade damals eine Wallfahrt
nach Rom machte. Als er in die Kirche des heiligen
Petrus hineinkam, beobachtete er, wie knauserig
manche Leute mit ihren Geldspenden waren. Da
sagte er sich: »Wenn man doch den Fürsten der
Apostel hochherzig verehren muß, warum geben
dann diese Leute nur kärgliche Spenden in der Kirche,
wo sein Leib ruht?« Und so packte er in heiligem
Eifer nach der Börse und zog sie heraus: sie war mit
Geld gefüllt. Er warf es durch die Öffnung des
Altares; es gab einen solchen Lärm, daß die Leute
ringsum über eine so riesige Spende sich höchlichst
verwunderten.
Er aber ging hinaus vor das Portal der Kirche, wo
viele Arme um Almosen bettelten. Von einem armen
Mann lieh er sich dort heimlich dessen Lumpen aus,
legte seine eigenen Kleider ab, zog das Lumpen-
gewand an, gesellte sich den anderen Armen auf
den Stufen der Kirche zu und bettelte in provenzalischer Mundart um Almosen. Er liebte es nämlich,

Französisch zu sprechen, obschon er es nicht richtig beherrschte.

Danach zog er die Lumpen wieder aus, die eigenen Kleider an, kehrte nach Assisi zurück und flehte demütig zu Gott, er möge ihm seinen Weg zeigen.

Niemandem enthüllte er sein Geheimnis; bei niemandem holte er sich Rat in dieser Sache – außer bei Gott allein, der schon begonnen hatte, ihm seinen Weg zu zeigen. Nur mit dem Bischof von Assisi besprach er sich bisweilen.

Denn damals war bei niemandem die wahre Armut, die er mehr ersehnte als alles in der Welt: in ihr wollte er leben und sterben.

Dreigefährtenlegende

Bekehrung – – –

Eines Tages, da er in glühendes Beten vor Gott vertieft war, kam ihm die Antwort: »Franz, was du bisher fleischlich (das heißt: rein »naturhaft« oder »instinktiv«) geliebt und erstrebt hast, das mußt du verachten und hassen, wenn du meinen Willen erkennen willst. Hast du erst einmal damit begonnen, so wird dir hinfort unerträglich und bitter sein, was dir bisher liebwert und süß erschien; und aus dem, was dich vorher schaudern machte, wirst du tiefes Glück und unermeßlichen Frieden schöpfen.«

So im Herrn gestärkt, begegnete er auf einem Ritt nahe bei Assisi einem Aussätzigen. Bisher hatte er vor solchen Leprösen einen mächtigen Ekel empfunden. Aber siehe, nun stieg er, sich Gewalt antuend, vom Pferde, reichte dem Aussätzigen einen Gulden und küßte ihm die Hand. Auch jener gab ihm den Kuß des Friedens. Dann stieg Franz wieder zu Pferd und ritt seines Weges weiter.

Von da an begann er, immer mehr sich zu verachten, bis er zuletzt durch Gottes Gnade zum vollen Sieg über das eigene Ich gelangte.

Wenige Tage später nahm er eine große Summe Geldes und ging zum Siechenhaus. Nachdem er alle Aussätzigen um sich versammelt hatte, reichte er einem jeden seine Gabe und küßte ihm die Hand. Und als er von dannen ging, war wirklich in Süße für ihn verwandelt, was ihn bisher bitter gedünkt hatte: Aussätzige zu sehen und anzurühren. Denn so widerwärtig war ihm früher deren Anblick gewesen, daß er nichts von ihnen sehen und noch weniger ihrer Behausung nahe kommen wollte. Und wenn es doch einmal geschah, daß er an einem solchen Haus vorbeikam oder einen Aussätzigen erblickte, wandte er das Gesicht ab und hielt sich die Nase zu – auch wenn er sich von Mitleid bewegen ließ, ihnen durch eine Mittelsperson Almosen zukommen zu lassen.

Aber durch die Gnade Gottes wurde er so vertraut und gut Freund mit den Aussätzigen, daß er unter ihnen lebte und ihnen demütig diente, wie er selbst in seinem Testament bezeugt hat.

Dreigefährtenlegende

– – – und Verwandlung

Der Herr verlieh mir, Bruder Franz, den
Anfang des neuen Weges auf folgende Weise:
Als ich in Sünden lebte, kam es mir sehr
bitter an, Aussätzige zu sehen. Aber der Herr selbst
führte mich unter sie, und ich erwies ihnen
Barmherzigkeit.
Als ich von ihnen schied, ward mir dasjenige, was
mir vorher bitter vorgekommen war, in Süßigkeit für
den Geschmack von Leib und Seele verwandelt.
Danach zögerte ich noch ein wenig, dann verließ ich
die Welt.
Und der Herr gab mir einen solchen Glauben,
wann immer ich in einer Kirche war, daß ich in aller
Einfalt anbeten und sagen konnte:
»Wir beten dich an, Herr Jesus Christus, hier und in
allen deinen Kirchen an jeglichem Orte der Welt,
und wir preisen dich, weil du durch dein heiliges
Kreuz diese ganze Welt erlöst hast.«

Der Heilige Franziskus in seinem Testament

Die Aufgabe

Eines Tages, als er gerade besonders innig Gottes
Barmherzigkeit anrief, ließ der Herr ihn wissen,
nun werde ihm bald kundgetan werden, was
er tun solle.
Da überkam ihn eine solche Freude, daß er sich
vor lauter Fröhlichkeit nicht zu lassen wußte . . .
Und wenige Tage später, da er gerade an der Kirche
San Damiano vorbeikam, wurde er im Geist
gedrängt, einzutreten und dort zu beten.
Er ging hinein. Und vor dem Bild des Gekreuzigten,
dort fing er an, innig zu beten.
Da redete das Bild ihn an: »Franz, siehst du nicht,
wie mein Haus verfällt? Geh und stelle es wieder
her!«
Zitternd und staunend sagte er: »Gerne, Herr, will
ich es tun.«
Er dachte nämlich, es sei das Kirchlein von
San Damiano gemeint, dessen Gemäuer vor Alter
in Bälde einzufallen drohte.
Jene Anrede aber beseligte und erleuchtete ihn so,
daß er *den* in seinem Herzen gegenwärtig fühlte, der
zu ihm gesprochen hatte: Christus, den Gekreuzigten.

Dreigefährtenlegende

Die inneren Wundmale

Von jener Stunde (in San Damiano) an war sein Herz ganz wund und weich beim Nachsinnen über das Leiden des Herrn. Und so trug er, solange er lebte, die Wundmale des Herrn Jesus (Gal 6, 17) in seinem Herzen, bis sie, auf wunderbare Weise an seinem Leib erscheinend, auch äußerlich sichtbar wurden.

Deshalb war er denn auch so hart gegen sich in körperlicher Kasteiung, daß er in gesunden und kranken Tagen sich allzuviel zumutete und kaum je oder nie sich schonen wollte. Unmittelbar vor seinem Tod gestand er denn auch, er habe gegen »Bruder Esel«, d. i. seinen Leib, viel gesündigt. Eines Tages, als er unweit der Kirche Santa Maria di Portiuncula allein unterwegs war, weinte er laut vor sich hin.

Das hörte ein frommer Mann und meinte, Franz müsse wohl an einer Krankheit sehr leiden, die ihm Schmerzen verursache, und so befragte er ihn voller Mitleid danach.

Franz aber sagte: »Ich weine um das Leiden unseres Herrn Jesus Christus, und ich dürfte mich nicht schämen, laut klagend um seinetwillen durch die ganze Welt zu ziehen.«

Da kamen auch dem andern die Tränen, so daß nun beide laut zusammen weinten.

Dreigefährtenlegende

Der Be-geisterte

Nun war denn Franz, der Knecht Gottes, von
allem ledig, was dieser Welt ist, frei für
Gottes Gerechtigkeit. Sein bisheriges Leben
verachtete er, fortan sollte sein Leben nur noch dem
Dienste Gottes gehören.
Voll Freude und innerer Glut kehrt er nach
San Damiano zurück, fertigt sich ein Einsiedler-
gewand, macht sich auf und geht in die Stadt. In
den Straßen und Gassen fängt er an, dem Herrn
Loblieder zu singen, wie trunken vom Geist.
Nach Vollendung des Lobspruchs macht er sich an
die Arbeit, um Steine für die Wiederherstellung
von San Damiano zusammenzubringen.
»Wer einen Stein gibt«, ruft er, »wird einfachen Lohn
erhalten; wer zwei gibt, den doppelten; wer drei,
wird entsprechend Vielfaches erhalten.«
Solche und ähnliche einfältige Worte sprach er im
Feuer des Geistes; denn ungebildet und einfältig,
erwählt von Gott, redete er nicht in gelehrten
Worten menschlicher Klugheit, sondern verhielt sich
einfältig in allen Dingen.
Viele lachten über ihn und dachten, er sei närrisch
geworden; andere aber brachen vor Rührung in
Tränen aus, da sie sahen, wie schnell er aus Leicht-
sinn und weltlichem Treiben zu solcher Trunkenheit
göttlicher Liebe gelangt war. Er selbst beachtete
den Spott gar nicht, sondern dankte Gott in der Glut
seines Geistes.
Der Priester der Kirche, der seine Anstrengungen
sah, sorgte trotz eigener Armut, daß Franz

Kräftigeres zu essen bekam – zumal er wußte,
daß jener bisher in der Welt üppig gelebt hatte.
Franz hatte früher oft – das bekannte der Mann
Gottes später selbst – aufs auserlesenste getafelt
und alles zurückgewiesen, was ihm nicht
schmeckte.
Als ihm nun eines Tages bewußt wurde, was der
Priester da für ihn tat, überlegte er sich's und sprach
zu sich selbst: »Meinst du denn, überall, wo du
hinkommst, einen solchen Priester zu haben, der sich
deiner so gütig annimmt? Das ist doch nicht das
Leben eines Armen, wie du es wolltest? Geh wie ein
Armer von Tür zu Tür, mit einem Napf in der
Hand . . . damit du freiwillig arm lebst um der Liebe
dessen willen, der arm geboren wurde, der ganz
arm gelebt hat in der Welt, der nackt und arm am
Kreuze war und in einem fremden Grab bestattet
worden ist.«
So nahm er den Bettelsack und ging damit in die
Stadt, um Almosen zu betteln von Tür zu Tür. Die
empfangenen Speisen sammelte er in seinem
Napf . . . Freilich, wie er dann das Gemengsel zu
sich nehmen wollte, ekelte ihn zuerst: er hätte solches
bisher nicht ansehen, geschweige denn essen mögen.
Schließlich überwand er sich und begann zu essen.
Und es schien ihm, als hätte ihm nie im Leben ein
Leckerbissen so gut gemundet. Und um so höher war
sein Jubel im Herrn, als er entdeckte, daß er bei
seinen schwachen und abgezehrten Kräften das
widerlich Herbe so freudig um Gottes willen zu
tragen vermochte. Und er dankte Gott, daß er ihm
das Bittere in Süße gewandelt und seine Kräfte
vervielfacht hatte.
Deshalb sagte er jenem Priester, er solle ihm
fernerhin nicht mehr die Kost bereiten oder besorgen
lassen.

Dreigefährtenlegende

Die Mutprobe

Beharrlich arbeitete er am Wiederaufbau der
Kirche von San Damiano. Und da er sich
vorgenommen, es sollten ständig in ihr die
Leuchter brennen, durchzog er bettelnd die Stadt, um
Öl dafür zu bekommen.
Wie er sich einem Hause näherte, sah er dort Leute
beim Spiel versammelt. Da schämte er sich, vor
ihnen zu betteln, und wich zurück. Aber dann besann
er sich, und da er sich seine Scheu als Sünde
vorwarf, lief er zu dem Platz zurück, wo die Spieler
waren, bekannte allen, die herumstanden, seine
Schuld: er habe sich vor ihnen geschämt, um
Almosen zu bitten. Und feurigen Geistes bat er alle
auf provenzalisch um der Liebe Gottes willen um
ein Almosen für die Leuchter der Kirche.

Dreigefährtenlegende

Des Vaters Segen

Als sein Vater ihn so niedrig und erbärmlich (als Bettler) daherkommen sah, wurde er von übergroßem Schmerz erfüllt. Weil er ihn innig geliebt hatte, schämte er sich seiner nun um so mehr. Er empfand es so bitter, seinen Sohn so zu sehen – wie ein Skelett fast, sinnlos unter der Kälte leidend, den Leib gezeichnet von den vielen Kasteiungen –, daß er ihm fluchte, wo er ihn nur traf.

Dem Mann Gottes ging das Fluchen des Vaters nahe. Da nahm er sich einen verachteten Armen an Vaters Stelle und sagte ihm: »Komm mit mir, ich gebe dir von den Almosen, die ich erhalte. Und wenn du siehst, wie mein Vater auf mich flucht, so werde ich dir sagen: ›Segne mich, Vater!‹ Und du wirst über mich das Kreuzzeichen machen und mich an seiner Stelle segnen!«

Und so geschah es. Der Arme segnete ihn, der Heilige sprach zu seinem Vater:

»Glaubst du nicht, daß Gott mir einen Vater geben kann, der mich segnet gegen deine Flüche?«

Da begannen manche, die bisher über ihn gespottet hatten, angesichts der Geduld, mit der er alle Schmach ertrug, zu staunen und ihn zu bewundern.

Dreigefährtenlegende

39

Das Vermögen

Als er einmal an einem Morgen zur Winterszeit
– in seinem fadenscheinigen Gewand und
doch zufrieden – im Gebet verweilte, ging
sein leiblicher Bruder nahe an ihm vorüber und sagte
spöttisch zu einem seiner Mitbürger:
»Sag doch dem Franziskus, er solle dir wenigstens
ein Quentchen von seinem Schweiß verkaufen.«
Als der Mann Gottes das hörte, ward er von Freude
durchströmt und fing an, im Ungestüm des Geistes
auf provenzalisch zu singen:
»Ich will diesen Schweiß *meinem Herrn* teuer
verkaufen.«

Dreigefährtenlegende

Der volle Preis

Als, wie berichtet, Herr Bernardo seine Güter den Armen austeilte, war der selige Franz zugegen, sah das mächtige Wirken Gottes, und lobte Gott in seinem Herzen.

Da kam ein Priester, Silvestro mit Namen, von dem der selige Franz Steine für die Wiederherstellung der Kirche San Damiano gekauft hatte. Als dieser sah, daß alles Geld nach dem Rat des Gottesmannes verteilt wurde, packte ihn die Gier, und er sprach zum Heiligen:

»Franz, du hast mich für die Steine, die du mir abgekauft hast, nicht gut bezahlt.«

Als der Verächter aller Geldgier die ungerechte Klage hörte, trat er zu Herrn Bernardo, griff in dessen Mantel, wo der das Geld trug, zog in großem Ungestüm des Geistes die ganze Hand voller Geldstücke heraus und gab diese dem murrenden Priester. Und noch ein zweites Mal füllte er dessen Hand mit Geld. Dann sagte er: »Habt Ihr jetzt den vollen Preis, Herr Priester?« »Ich habe den vollen Preis, Bruder«, sagte der.

Und sehr zufrieden zog er mit dem erhaltenen Geld nach Hause.

Nach einigen Tagen aber kam die Erleuchtung des Herrn über den Priester. Er begann über das, was der selige Franz getan hatte, nachzudenken. Er sprach bei sich: »Bin ich nicht ein jämmerlicher Mensch, daß ich noch bei meinem Alter so aufs Zeitliche versessen bin, während dieser junge Mann durch die Liebe Gottes

dazu gekommen ist, es zu verachten und zu
verschmähen?«...
Und so begann er, Gott zu fürchten und in seinem
Hause Buße zu tun. Schließlich aber ... trat er in
den bereits bestehenden Orden ein, führte darin ein
vorbildliches Leben und beschloß es in herrlicher
Gnade.

Dreigefährtenlegende

Die befreiende Tat

Es war in den ersten Anfängen der Gemeinschaft, als Franz mit den zwei einzigen Gefährten, die er damals hatte, noch bei Rivotorto weilte. Da kam ein junger Mann namens Egidio aus der Welt zu ihm, um sich aufnehmen zu lassen. Er wurde der dritte der hinzugekommenen Brüder. Einige Tage blieb er in den weltlichen Kleidern, die er mitgebracht hatte, bis einmal ein Armer bei der Hütte erschien und den seligen Franz um ein Almosen bat. Da wandte sich Franz zu Egidio und und sagte zu ihm: »Gib dem armen Bruder deinen Mantel!«

Sogleich nahm dieser mit großer Freude den Mantel von seiner Schulter und gab ihn dem Armen. Und es war ihm, als habe ihm Gott im selben Augenblick eine ungewohnte Gnade ins Herz gelegt, da er den Mantel so fröhlich dem Armen gab.

So ward er vom seligen Franz aufgenommen und schritt immer weiter in der Tugend voran bis zur höchsten Vollendung.

Spiegel der Vollkommenheit

»IHR WERDET DENEN,
DIE IHR UM EINE
IRDISCHE GABE BITTET,
DIE LIEBE GOTTES BRINGEN«

Das Erbe des Königs

Als der selige Franz seine ersten Brüder gewonnen hatte, freute er sich gar sehr über ihren neuen Wandel und daß der Herr ihm eine gute Gesellschaft gegeben hatte. Und er liebte sie so und begegnete ihnen mit solcher Zartheit, daß er sie nicht aufforderte, auf Almosenbettel zu gehen. Denn er hatte den Eindruck, sie würden sich dessen schämen; und darum nahm er auf ihre Empfindsamkeit Rücksicht und ging täglich allein aus, um milde Gaben zu erbitten.

Dabei wurde er freilich recht müde; war er doch in der Welt ein verwöhnter junger Mann gewesen; auch war er von schwächlicher Natur, und obendrein hatte ihn das Übermaß von Enthaltung und Buße doch sehr geschwächt. So mußte er sich sagen, daß er die Anstrengung nicht weiter allein zu tragen vermöge. Darum sprach er zu ihnen:

»Meine lieben Brüder, meine Kindlein, ihr sollt euch nicht scheuen zu betteln! Denn der Herr hat sich für uns arm gemacht in dieser Welt, und nach seinem Beispiel haben wir die wahrhafte Armut erwählt. Das ist unser Erbe, und das hat unser Herr Jesus Christus uns erworben und hinterlassen – uns und allen, die nach seinem Beispiel in der heiligen Armut leben wollen. Wahrlich, ich sage euch, viele vornehme und hochgesinnte Menschen der Welt werden sich unserer Gemeinschaft anschließen und es für eine große Ehre und Gnade erachten, Almosen zu erbitten. Darum gehet zuversichtlich und heiteren Herzens auf diesen Gang, und Gott wird euch

segnen! Ihr werdet denen, die ihr um eine irdische
Gabe bittet, die Liebe Gottes bringen, und ihr saget
ja auch zu ihnen: ›Aus Liebe zu Gott gebt uns ein
Almosen!‹ Und diese Liebe ist mehr wert als Himmel
und Erde.«

Solange es nur wenige Brüder gab, konnte er sie
nicht zu zweien ausschicken, sondern er sandte sie
einzeln durch die Städte und Weiler. Wie sie dann
mit den empfangenen Almosen wiederkamen,
zeigte jeder dem heiligen Franz, was er erhalten
hatte, und einer sprach zum anderen: »Ich habe mehr
bekommen als du!«

Darüber freute sich der selige Franz, da er sie so
heiter und fröhlich sah. Und seither bat jeder gern
um die Erlaubnis, auf den Bettel gehen zu dürfen.

Spiegel der Vollkommenheit

Das Glück

Einmal, während der selige Franz bei Santa
Maria di Portiuncula weilte, kam ein Bruder,
ein sehr frommer Mann, die Straße von
Assisi heruntergeschritten. Er hatte Almosen
erbettelt und lobte Gott mit lauter Stimme und in
großer Fröhlichkeit. Wie er sich der Kirche Santa
Maria näherte, hörte ihn der selige Franz.
Da lief er vor lauter Freude und Begeisterung hinaus,
ihm entgegen, küßte ihn mit inniger Fröhlichkeit
auf die Schulter, auf der er den Sack mit den
Almosen trug, nahm ihm den Sack von der Schulter
und legte ihn auf die eigene. So trug er das Bündel in
das Haus der Brüder und sprach zu diesen: »Also
möchte ich, daß meine Brüder hingingen und mit
den Almosen wiederkehrten: heiter, fröhlich und mit
dem Lobe des Herrn im Munde!«

Spiegel der Vollkommenheit

Um der Liebe willen

Wenige Tage darauf schlossen sich ihnen drei weitere Gefährten an – alle drei aus Assisi: Sabbatino, Morico, Giovanni de Capella, und auf ihre Bitte hin nahm der selige Franz sie demütig und mit herzlicher Freude auf. Wenn sie aber zum Almosenbetteln durch die Stadt gingen, gab ihnen fast niemand etwas; man machte ihnen Vorwürfe, weil sie ihr Eigentum hergegeben hatten und nun von fremdem Gut leben wollten. Und so litten sie große Not. Sogar ihre Eltern und Verwandten verfolgten sie; die anderen Leute in der Stadt lachten sie aus: sie seien närrische Toren.

Der Bischof von Assisi, zu dem der Mann Gottes häufig Rat holen ging, nahm ihn immer gütig auf; doch sagte auch der Bischof zu ihm: »Euer Leben erscheint mir hart: nichts Irdisches zu besitzen ist schwer.« Darauf sprach der Heilige: »Herr, wollten wir etwas besitzen, so müßten wir auch Waffen zu unserer Verteidigung haben. Daher kommen ja die Streitereien und Kämpfe, die die Liebe zu Gott und zum Mitmenschen hindern. Darum wollen wir in dieser Welt nichts Irdisches besitzen.«

Dem Bischof gefiel die Antwort des Gottesmannes sehr. Tatsächlich verachtete Franz alles Vergängliche – und am allermeisten das Geld, weswegen er in allen seinen Regeln besonders die Armut betonte und den Brüdern vor allem ans Herz legte, sich nicht mit Geld zu befassen.

Er verfaßte nämlich mehrere Regeln und erprobte
sie, bevor er jene verfaßte, die er zuletzt den Brüdern
hinterließ.
»In einer von diesen sagte er zur Verfluchung des
Geldes:
›Hüten wir uns, nachdem wir alles verlassen haben,
nicht wegen etwas so Nichtswertigem das
Himmelreich zu verlieren. Sollten wir irgendwo Geld
finden, wollen wir uns darum nicht mehr kümmern
als um den Staub, den wir mit Füssen treten.‹«

Dreigefährtenlegende

Umsonst

Ich arbeitete mit meinen Händen und will weiter damit arbeiten; und ich will entscheiden, daß alle anderen Brüder ebenso arbeiten, wie es sich ziemt. Die es nicht können, sollen es lernen – nicht aus Sucht, für solche Arbeit einen entsprechenden Lohn zu erhalten, sondern um des guten Beispiels willen und um den Müßiggang zu vertreiben.
Und wenn man uns einmal keinen Lohn für die Arbeit gibt, so laßt uns zu Gottes Tisch unsere Zuflucht nehmen, indem wir von Tür zu Tür um Almosen bitten.

Der Heilige Franziskus in seinem Testament

Not-Lösung

Alle Brüder sollen unserem Herrn Jesus
Christus in seiner Demut und Armut nach-
folgen. Und sie sollen daran denken, daß
wir von der ganzen Welt nichts brauchen – außer,
wie der Apostel sagt, »Nahrung und Kleidung:
damit wollen wir zufrieden sein« (1 Tim 6, 8).
Die Brüder müssen sich freuen, wenn sie den
gewöhnlichen und verachteten Leuten zugezählt
werden, den Armen und Schwachen, den Kranken
und Aussätzigen und den Bettlern am Wege.
Und wenn's am Notwendigen fehlt, mögen sie um
Almosen gehen. Und sie dürfen sich nicht schämen,
sondern sollen daran denken, daß unser Herr
Jesus Christus, der Sohn des lebendigen, allmächtigen
Gottes, sein Antlitz zum härtesten Felsen gemacht
hat (Is 50, 7) und sich nicht schämte, für uns arm und
unbehaust zu werden: von Almosen hat er gelebt,
er und die selige Jungfrau und seine Jünger.
Und sollten irgendwelche Menschen den Brüdern
Schmach antun und ihnen keine Almosen geben
wollen, dann sollen die Brüder Gott dafür danken,
weil sie für ihre Schmach große Ehre erhalten
werden vor dem Richterstuhl unseres Herrn Jesus
Christus. Und sie sollen wissen, daß diese Schmach
nicht auf jenen liegt, die sie erdulden, sondern auf
denen, die sie zufügen.
Und das Almosen ist das Erbe und der gerechte
Anteil der Armen, vom Herrn Jesus Christus uns
erworben. Und die Brüder, die sich damit
abplagen, es zusammenzubetteln, werden hohen

Lohn dafür erhalten. Und sie geben auch den Spendern Gelegenheit, sich solchen Lohn zu verdienen und zu erwerben: denn alles, was die Menschen (bei ihrem Tod) in dieser Welt zurücklassen, wird vergehen, aber für ihre Liebe und für die Almosen, die sie gegeben haben, werden sie den Lohn vom Herrn erhalten (vgl. Mt 6, 19; Lk 16, 1–9). Und einer soll dem anderen zuversichtlich seine Not offenbaren, damit dieser ihm das Notwendende herbeischaffe und ihm damit diene. Und jeder liebe und ernähre seinen Bruder, wie eine Mutter ihr Kind liebt und ernährt (vgl. 1 Thess 2, 7); dabei wird der Herr ihm Gnade schenken.

Und: »Wer ißt, verachte nicht den, welcher nicht ißt; und wer nicht ißt (weil er sich kasteien will), richte nicht den, welcher ißt« (Röm 14, 3).

Und wenn einmal die Not sie überrascht, soll es allen Brüdern überall erlaubt sein, alles zu essen, was ein Mensch essen kann – wie der Herr von David gesagt hat, der »die Schaubrote aß, die nur die Priester allein essen durften« (Mk 2, 26). Dabei sollen sie aber nie vergessen, daß der Herr spricht: »Hütet euch, daß euer Herz nicht durch Völlerei, Trunkenheit und die Sorgen des irdischen Lebens beschwert werde und der Jüngste Tag euch nicht unverhofft überrasche; denn wie eine Schlinge wird er über alle kommen, die auf der Erde wohnen« (Lk 21, 34–35).

Ähnlich dürfen die Brüder es mit dem halten, was ihnen in Zeiten dringender Not an Lebensnotwendigem durch die Gnade des Herrn geschenkt wird; denn Not hat kein Gebot.

Der Heilige Franziskus in der älteren Ordensregel

Das Not-Wendende

Eines Nachts, während die Brüder schliefen
– es war in jener ersten Zeit, als Franz mit
seinen ersten Brüdern in Rivotorto weilte –,
schrie plötzlich einer um die Mitternacht, als alle
schliefen: »Ich sterbe, ich sterbe!«
Alle erwachten erschreckt und waren verwundert.
Der heilige Franz erhob sich und sagte: »Stehet auf,
Brüder, und machet Licht!«
Als es geschehen war, sagte er: »Wer hat da gerufen:
›Ich sterbe‹?«
Der Betreffende meldete sich: »Ich bin es.«
»Was hast du Bruder, daß du sterben willst?«
Sprach jener: »Ich sterbe vor Hunger.«
Da ließ der heilige Franz sogleich den Tisch
herrichten, und klug und liebevoll, wie er war, aß er
selbst mit ihm, damit jener sich nicht zu schämen
brauche, allein zu essen. Und nach seinem Wunsche
aßen auch alle anderen mit.
Nachdem sie gegessen hatten, sagte Franz zu den
anderen: »Meine Brüder, ich sage euch, jeder soll
auf seine Natur achten. Und wenn einer von euch mit
weniger Nahrung auskommt als die andern, so soll
derjenige, der mehr braucht, sich nicht gewaltsam
nach dem Maß des andern richten wollen, sondern
soll seine Natur beachten und seinem Leib das
Nötige geben, damit dieser fähig sei, dem Geist zu
dienen . . . Denn Gott will Barmherzigkeit und nicht
äußere Opfer« (Mt 9, 13).

Spiegel der Vollkommerheit

»...VON GOTT GESANDT,
UM DEN IN
FINSTERNIS EINGEHÜLLTEN
DIE BEISPIELE DES LEBENS
AUFLEUCHTEN ZU LASSEN«

Wie leben?

Als dann der Herr mir Brüder gab, war
niemand, der mir zeigte, was ich tun solle,
sondern der Allerhöchste selbst offenbarte
mir, daß ich nach der *Form* des heiligen Evangeliums
leben solle. Und ich ließ es in wenigen einfachen
Worten aufschreiben, und der Herr Papst hat es mir
bestätigt.
Die dann kamen, um unser Leben mit uns zu teilen,
gaben alles, was sie besaßen, den Armen. Sie
waren zufrieden, nur eine einzige Kutte zu haben,
von außen und innen geflickt, mit einem bloßen
Strick und den Beinkleidern – mehr wollten wir nicht.
Die von uns Kleriker waren, sprachen die Tagzeiten
wie andere Kleriker; die Laien beteten das
Vaterunser. Wir hielten uns gern in armen ver-
lassenen Kirchen auf. Und wir waren ungelehrt und
jedermann untertan.

Der Heilige Franziskus in seinem Testament

Der Schatz der Narren

Nun waren sie ihrer vier, einander verbunden in
größter Fröhlichkeit und Freude des
Heiligen Geistes. Um größere Fortschritte
zu machen, teilten sie sich auf folgende Weise:
der selige Franz nahm Bruder Egidio mit sich und
wanderte mit ihm nach der Mark Ancona. Die beiden
anderen zogen unterdessen in eine andere Gegend.
Und wie sie ihres Weges nach der Mark dahin-
schritten, frohlockten sie laut im Herrn. Und der
heilige Mann sang mit lauter heller Stimme Lieder in
provenzalischer Mundart zum Preise des Höchsten.
Groß war die Freude in ihnen, waren sie doch
überzeugt, daß sie den »Schatz« im Acker des
Evangeliums gefunden hatten: den Schatz der Hohen
Frau Armut. Die Liebe zu ihr ließ sie alles Irdische
freien und frohen Herzens mißachten, als wäre
das alles nur »Kot« (Phil 3, 8) . . .
Obschon der Mann Gottes vor der Menge des
Volkes damals noch nicht eigentlich predigte, sprach
er doch auf seinen Wanderungen durch Städte und
Dörfer die Menschen an und mahnte alle, Gott zu
lieben, zu fürchten und Buße zu tun für ihre Sünden.
Bruder Egidio sprach dabei den Aufmerkenden zu,
sie sollten dem Mahner glauben: der rate ihnen
aufs beste.
Die ihnen zuhörten, sprachen bei sich: »Was sind das
für Leute, und was sind das für Worte, die sie
reden?« Liebe und Furcht Gottes nämlich waren
damals im Lande fast überall erloschen, den Weg der
Buße kannte niemand, wenn man ihn nicht gar für

Torheit hielt. So sehr hatte die Lockung des Fleisches, die Habsucht der Welt und hochfahrende Anmaßung (»Hoffart des Lebens«) überhandgenommen, daß man den Eindruck haben konnte, die ganze Welt sei diesen drei bösen Mächten völlig verfallen. So gab es denn verschiedene Meinungen über diese Männer des Evangeliums. Die einen sagten, sie seien Narren oder Betrunkene. Andere aber meinten, ihre Worte könnten nicht aus bloßem Wahngeist stammen. Einer von den Zuhörern sagte zu den andern: »Entweder geht's da um höchste Vollkommenheit, und sie hangen wirklich Gott an, oder sie sind einfach verrückt. Unsereins fände ein so elendes Leben zum Verzweifeln: sie haben kaum was zu essen, gehn mit nackten Füßen herum und ziehn sich verächtlich an.«
Vorerst jedenfalls schloß sich niemand den beiden an, obwohl manch einer in heilige Furcht geriet, als er ihren heiligen Wandel sah. Und wenn Frauen und junge Mädchen sie nur von fern erblickten, liefen sie zitternd weg, um nur ja nicht von ihrer Narrheit oder ihrem Wahn mitfortgerissen zu werden.
Als sie die Provinz Ancona durchzogen hatten, kehrten sie nach Santa Maria (di Portiuncula) zurück.

Dreigefährtenlegende

Grenzen-los

Die Brüder sollen sich hüten, wo immer sie sein mögen, sei es in Einsiedeleien oder anderswo, sich eine Behausung anzueignen oder sie einem anderen streitig zu machen. Und mag zu ihnen kommen, wer da will, Freund oder Feind, Dieb oder Räuber, sie sollen ihn voll Güte aufnehmen. Und wo immer die Brüder auch sind oder sich treffen, müssen sie geistlich und sorgfältig »einander ohne Murren« (1 Petr 4, 9) achten und ehren.

Und die Brüder sollen sich hüten, sich in ihrem äußeren Gehaben traurig zu zeigen oder wie düstere Heuchler zu benehmen; sie sollen vielmehr heiter und liebenswürdig sein, wie es Menschen ansteht, die sich im Herrn freuen.

Der Heilige Franziskus in der älteren Ordensregel

Die große Kleintat

Der heilige Franz pflegte zu sagen, die Minderbrüder seien in dieser jüngsten Zeit von Gott gesandt, um den Sündern, die in Finsternis eingehüllt seien, die Beispiele des Lebens aufleuchten zu lassen.

Er sagte, er fühle sich jedesmal von süßem Duft umweht und von köstlicher Narde gesalbt, wenn er von den Großtaten der heiligen Brüder höre, die in die Welt hinausgezogen waren . . .

So geschah es einmal, daß ein Bruder dem andern in Gegenwart eines Edelmanns von der Insel Zypern ein verletzendes Wort hinwarf; und wie er bemerkte, daß jener deshalb ein wenig erregt war, entbrannte er gleichsam vor Rache gegen sich selbst, hob den Mistbollen eines Esels auf, zerrieb ihn in seinem Munde mit den Zähnen und sprach: »Mist kauen soll der Mund, der gegen meinen Bruder das Gift des Zornes speit!«

Als der Edelmann das sah, erstaunte er gewaltig und ward davon so erbaut, daß er von da seine Person und all sein Besitztum in die Verfügung der Brüder stellte.

Der selige Vater aber freute sich jedesmal, wenn er von heiligen Beispielen hörte, die seine Brüder aus innerem Antrieb erzeigten; und mit der Fülle seines Segens überhäufte er jene Brüder, die durch ihr Wort und ihre Tat die Sünder zur Liebe Christi führten.

Spiegel der Vollkommenheit

Geldentwertung

Der Herr befiehlt im Evangelium: »Seht zu,
daß ihr euch hütet vor jeglicher Bosheit
und Habsucht« (Lk 12, 15); » und
seid auf der Hut vor den unruhigen
Geschäften dieser Welt und den Sorgen dieses
Lebens« (Lk 21, 34).
Darum soll kein Bruder, wo immer er stehe oder
gehe, Geld oder Münzen auch nur irgendwie
aufheben oder annehmen oder annehmen lassen,
weder für Kleidung noch für Bücher, noch als Lohn
für eine Arbeit, kurz: unter keinen Umständen, es
sei denn wegen einer offenkundigen Notlage der
Kranken; denn von Geld oder Münzen dürfen wir
keinen größeren Nutzen haben und erwarten
als von Steinen. Die nach Geld verlangen oder
es für wertvoller halten als Steine, wird der
Teufel leicht verblenden. Hüten wir uns also,
die wir alles verlassen (vgl. Mt 19, 27), daß
wir nicht wegen etwas so völlig Nichtigem das
Himmelreich verlieren. Und wenn wir irgendwo
Geld finden sollten, dann wollen wir uns darum
nicht mehr kümmern als um den Staub,
den wir mit unseren Füßen treten, denn das alles
ist »Eitelkeit der Eitelkeiten, und alles ist eitel!«
(Prd 1, 2).
Und sollte es doch vorkommen – was Gott
verhüte –, daß ein Bruder Geld oder Münzen
sammelt oder besitzt – ausgenommen allein die
erwähnte Notlage der Kranken –, dann wollen
wir Brüder alle ihn für einen falschen Bruder

und einen Abtrünnigen, für einen Dieb und Räuber,
ja für den halten, der den Geldbeutel trägt
(gemeint ist – nach Joh 12, 7 – der Verräter
Judas), wenn er nicht aufrichtig Buße
tut . . .

Der Heilige Franziskus in seiner älteren Ordensregel

Der Anstoß

Einmal traf er unterwegs einen armen Menschen,
und da er dessen Elend sah, sprach er zu
seinem Begleiter:
»Die Armut dieses Mannes ist eine große
Beschämung für uns, und sie bedeutet für unsere
Armut eine ernste Frage.«
»Wieso, Bruder?« fragte der Gefährte.
»Es beschämt mich tief, wenn ich jemand sehe, der
ärmer ist als ich. Denn ich habe die heilige Armut zu
meiner Herzensdame erkoren, sie steht mir höher
als alle Genüsse des geistigen und äußeren Lebens,
und durch die weite Welt hin sagt man von mir, ich
hätte mich vor Gott und den Menschen der Minne
der Frau Armut gelobt. Wie muß ich mich deshalb
schämen, wenn mir jemand begegnet, der ärmer
ist als ich?«

Legenda antiqua

Ver-geben

Es war bei Colle in der Grafschaft Perugia, da begegnete Franz einem Armen, den er früher in der Welt gekannt hatte.
»Wie geht es dir, Bruder?« fragte er ihn.
Sogleich geriet dieser in Wut und erging sich in Beschimpfungen gegen seinen Grundherrn: »Dem habe ich's zu danken – verflucht sei er! –, daß es mir schlecht geht; er hat mir alles genommen, was ich hatte!«
Da der Heilige sah, wie jener in tödlichen Haß verbohrt war, wenn auch nicht ohne gute Begründungen, sprach er voll Mitleid mit dessen Seele:
»Bruder, vergib deinem Herrn um Gottes willen, auf daß du innerlich frei werdest! Dann wird er dir möglicherweise wieder zurückerstatten, was einmal dir gehörte. Sonst hast du dein Eigentum verloren und wirst auch noch deine Seele verlieren.«
Der andere aber sprach: »Nein, ich kann nicht verzeihen – erst muß er mir wiedergeben, was er mir genommen hat!«
Darauf erwiderte der heilige Franz: »Da, nimm meinen Mantel, und um Gottes willen, ich bitte dich, vergib deinem Herrn!«
Da ward dessen Herz erweicht. Die Güte, die ihm zuteil geworden, rührte ihn, und er verzieh seinem Herrn das erlittene Unrecht.

Spiegel der Vollkommenheit

Bringer des Friedens

D er Herr hat mir geoffenbart, welchen Gruß
wir brauchen sollen:
»Der Herr gebe dir Frieden!«

Der Heilige Franziskus in seinem Testament

»DIE BRÜDER SOLLEN
ÜBERALL DIE MINDEREN SEIN
UND ALLEN UNTERGEBEN«

Mindere Brüder

Von Anfang seines neuen Lebens an stellte sich
der selige Franz mit Hilfe des Herrn gleich
einem weisen Baumeister auf ein festes
Felsenfundament, das war die erhabene Demut und
Armut des Sohnes Gottes. Deshalb nannte er auch
aus tiefer Demut seine Gemeinschaft »die Minderbrüder«.
So war es auch gleich von Anfang an sein Wille,
daß die Brüder in Aussätzigenheimen weilten, um
den Aussätzigen zu dienen und daselbst den Grund
der heiligen Demut zu legen. Schlossen sich doch
Edle wie Niedergeborene der Gemeinschaft an. Sie
bekamen unter anderem die Weisung, sie müßten
demütig den Aussätzigen dienen und sich in
deren Häusern aufhalten, wie der selige Franz sagte:
»Nichts unter dem Himmel sollen sie besitzen
wollen als die heilige Armut, durch die der Herr sie
in diesem Leben mit der Speise des Leibes und des
Geistes nährt, bis sie künftig das himmliche
Erbe empfangen.«

Spiegel der Vollkommenheit

Abstiegschancen

Wo immer auch ein Bruder arbeitet oder
dient, soll er in jenem Haus keine leitende
Tätigkeit übernehmen, weder Kämmerer
noch Kellermeister sein, auch soll er sich kein
Amt geben lassen, das Ärgernis hervorrufen oder
»seiner Seele Schaden bringen könnte« (Mk 8, 36).
Die Brüder sollen vielmehr überall die Minderen
sein und allen untergeben, die im gleichen
Hause sind.

Der Heilige Franziskus in der älteren Ordensregel

Reformation

Während nun der selige Franz bei Santa Maria ci Portiuncula mit noch wenigen Brüdern weilte, ging er öfter in die Weiler und Kirchen im Umkreis von Assisi und verkündete den Menschen in seiner Predigt die Botschaft der Buße. Er pflegte einen Besen bei sich zu tragen, um unsaubere Kirchen zu fegen. Denn es schmerzte ihn sehr, wenn er sah, daß eine Kirche nicht so rein war, wie er es wünschte.

Spiegel der Vollkommenheit

Heiligende Ehrfurcht

Der Herr gab und gibt mir einen solchen Glauben im Hinblick auf die Priester, die nach der Form der heiligen römischen Kirche leben, und zwar um ihrer Weihe willen, daß ich – selbst wenn sie mich verfolgten – mich immer an sie halten werde. Und hätte ich soviel Weisheit wie Salomo und käme zu den armseligsten Priestern dieser Welt, so würde ich doch in deren Pfarrbereich nicht predigen gegen ihren Willen. Vielmehr will ich sie und alle anderen Priester mit religiöser Ehrfurcht lieben und wie meine Herren achten; und ich will nicht auf die Sünde in ihnen sehen, weil ich Gottes Sohn in ihnen erblicke und sie als meine Herren erachte. Und deswegen verhalte ich mich so, weil ich hier auf der Welt von ihm, dem höchsten Gottessohn, nichts anderes auf greifbare Weise habe als seinen heiligsten Leib und sein heiligstes Blut, das einzig sie (die Priester) in Empfang nehmen und allen anderen darreichen können.

Und dieses Allerheiligste will ich über alles geehrt, verehrt und wie die größte Kostbarkeit aufbewahrt wissen. Und wo immer ich in Schriftzeichen Gottes Namen oder Worte an ungeziemendem Orte finde, will ich solche Blätter auflesen und bitte auch andere, man möge sie aufsammeln und an würdiger Stelle aufbewahren. Und ehren und hochachten sollen wir auch alle Theologen und alle anderen, die uns Gottes heilige Worte verkünden; denn die spenden uns Geist und Leben.

Der Heilige Franziskus in seinem Testament

Mantel der Barmherzigkeit

Wenn es auch des Heiligen Wille war, daß seine Söhne mit allen Menschen im Frieden lebten und sich allen gegenüber für geringer hielten, so lehrte er sie doch vor allem Demut den Priestern gegenüber, und zwar mit seinem Worte wie auch mit seinem Beispiel.

Er pflegte zu sagen: »Wir sind zur Unterstützung der Priester im Werk des Seelenheils gesandt, und wir sollen ausfüllen, was bei jenen mangelhaft ist. Dabei wird ein jeder seinen Lohn, nicht nach seiner Stellung, sondern nach seiner Bemühung empfangen.

Wisset, meine Brüder, überaus wohlgefällig ist es Gott, wenn wir ihm Seelen gewinnen; und das können wir besser erreichen, wenn wir mit den Geistlichen Frieden halten, als wenn wir mit ihnen im Streit sind. Und wenn diese selber dem Heil der Menschen im Wege stehen, so gehört Gott die Rache, und er wird ihnen zu seiner Zeit vergelten. Darum seid den kirchlichen Herren untertan, auf daß sich nicht ein böser Eifer aus eurer Mitte erhebe. Wenn ihr Söhne des Friedens seid, werdet ihr Priester und Volk gewinnen; und das wird Gott besser gefallen, als wenn ihr zwar das Volk auf eurer Seite habt, aber dem Klerus zum Anstoß werdet. Deckt ihre Fehler zu, und ihr vielfaches Versagen sucht auszugleichen! Und wenn ihr dies vollbracht habt, so sollt ihr um so demütiger sein.«

Spiegel der Vollkommenheit

Unterprivilegiert

Nachdrücklich untersage ich im Namen des
Gehorsams allen Brüdern, wo immer sie
seien, irgendeinen Schutzbrief bei der
römischen Kurie zu erbitten, weder unmittelbar noch
durch eine Mittelsperson, weder für eine Kirche
noch für eine andere Stätte, weder unter dem
Vorwand der (ungehinderten) Predigt noch um
äußerer Verfolgung zu entgehen.
Sie sollen vielmehr, wenn man sie irgendwo nicht
aufnimmt, anderswohin fliehen, um dort mit Gottes
Segen eine Wandlung der Herzen herbeizuführen.

Der Heilige Franziskus in seinem Testament

Der untere Weg

Einige Brüder sprachen (damals) zum seligen
Franz:
»Vater, siehst du nicht, daß die Bischöfe
manchmal nicht erlauben zu predigen, so daß wir oft
mehrere Tage müßig verbringen müssen, bevor
wir das Wort Gottes verkünden können? Es wäre
besser und würde dem Seelenheil dienen, du
würdest vom Papst ein Privileg hierüber erwirken.«
Er aber antwortete ihnen mit scharfer Zurückweisung:
»Ihr seid Minderbrüder, und doch erkennt ihr nicht
den Willen Gottes und seid mir im Wege, wenn
ich die ganze Welt für Gott gewinnen will auf
die Weise, wie Gott es will.
Denn zuerst will ich durch heilige Demut und
Ehrerbietung die kirchlichen Herren gewinnen; und
wenn diese unser heiliges Leben und unsere demütige
Ehrerbietung vor ihnen sehen, so werden sie euch
bitten zu predigen, um dem Volke Buße zu
verkünden.
Diese Art wird das Volk besser zu eurer Predigt
bringen als eure Privilegien, die euch nur hochmütig
machen.«

Spiegel der Vollkommenheit

Die Waffe

Einmal kam der heilige Franz nach Imola, einer
Stadt in der Romagna, stellte sich dem
Bischof der Diözese vor und bat ihn um die
Erlaubnis zum Predigen.
Der Bischof sagte zu ihm: »Bruder, es genügt,
wenn ich meinem Volk predige.«
Franz senkte den Kopf und ging demütig hinaus.
Knapp eine Stunde später kam er wieder herein. Da
fragte ihn der Bischof: »Was willst du noch,
Bruder? Hast du schon wieder einen Wunsch?«
Der selige Franz erwiderte: »Herr, wenn ein Vater
seinen Sohn durch eine Tür hinausweist, muß er
durch eine andere wieder eintreten.«
Durch solche Demut besiegt, umarmte der Bischof
den Heiligen voller Freude und sagte:
»Du sollst mit deinen Brüdern von jetzt an allgemeine
Erlaubnis zum Predigen in meinem Bistum haben:
das hat die heilige Demut wohl verdient.«

Thomas von Celano, Zweite Lebensbeschreibung

Der bessere Platz

Zur Zeit, als die allgemeine Ordensversammlung
(September 1220) herannahte, sagte der
selige Franz zu einem seiner Gefährten:
»Ich könnte mich nicht mehr für einen Minderbruder
halten, wenn ich nicht in der inneren Verfassung
wäre, wie ich sie dir jetzt beschreiben will.
Stell dir vor:
Ich gehe als Vorsteher der Brüder zum Kapitel,
predige dort und ermahne sie. Am Ende meiner
Rede aber stehen sie gegen mich auf und schreien:
›Wir wollen dich nicht mehr als Vorsteher haben. Du
kannst nicht reden, du siehst nach nichts aus
und bist einfältig und ungebildet.‹ Ich werde also
mit Schimpf und Schande abgesetzt und von allen
geringschätzig behandelt.
Ich sage dir, wenn ich nicht mit ruhiger Miene, mit
unerschütterter Freude des Geistes und mit
unverändertem Streben nach Heiligkeit solche
Worte anhören kann –
dann wäre ich wahrhaftig kein Minderbruder.«
Und er fügte hinzu:
»Bei Ämtern droht Fall, bei Lob jäher Absturz, in
der Demut dessen aber, der unter dem anderen
ist, wird die Seele groß.
Warum also streben wir mehr nach Gefahren als
nach Gewinn, da uns die Zeit noch gewährt worden
ist, um Gewinn zu machen?«

Thomas von Celano, Zweite Lebensbeschreibung

Sich selbst verkaufen

Unbeirrbar will ich dem Generalminister dieser Brüderschaft (Ministerium und Minister hier noch mit dem ursprünglichen Beiklang von »Dienst« und »Diener«) gehorchen wie auch jenem Guardian, den er mir geben will.
Und ich will so völlig wie ein Gefangener in seiner Hand sein, daß ich nirgends hingehen und nichts tun kann gegen seinen Willen, ist er doch mein Gebieter . . .
Und alle anderen Brüder sollen verpflichtet sein, in gleicher Weise . . . zu gehorchen . . .

Der Heilige Franziskus in seinem Testament

»DIE THEOLOGIE DIESES MANNES
IST EIN FLIEGENDER ADLER;
UNSERE WISSENSCHAFT ABER
KRIECHT AUF DEM BAUCH
ÜBER DIE ERDE«

Das Dritte Auge

Der selige Franz war nicht in gelehrtem Wissen unterrichtet worden; aber er war von Gott in jener Weisheit belehrt, die von oben ist; und vom Strahl des ewigen Lichtes erleuchtet, verstand er die heiligen Schriften vortrefflich. Wo bloße Gelehrsamkeit an der Oberfläche haftenbleibt, drang sein reiner Geist in die Tiefe der Dinge vor. Er las zuweilen in den heiligen Büchern, und was er einmal geistig erfaßt hatte, blieb seinem Herzen unauslöschlich eingeprägt. Sein Gedächtnis ersetzte ihm die Bücher, weil er nicht nur obenhin aufnahm, sondern das Aufgenommene in seinem Herzen betrachtend trug.

Nur diese Art, zu lesen und zu lernen, nannte er fruchtbar, nicht das Herumstudieren in tausenderlei Abhandlungen. Und nur den hielt er für einen wahren Philosophen, der nichts höher stellt als das Verlangen nach dem ewigen Leben.

Und er versicherte, daß *der* am leichtesten von der Selbsterkenntnis zur Gotteserkenntnis gelange, der sich demütig in die Heilige Schrift versenkt, statt vermessen in ihr zu forschen.

Nicht selten löste er irgendwelche umstrittene Fragen ohne langes Nachdenken, und wenn er sich auch auf die Kunst gelehrter Rede nicht verstand, so wußte er doch lichtvoll den inneren Kern und den Sinn der Dinge herauszustellen.

Thomas von Celano, Zweite Lebensbeschreibung

Licht zur Erleuchtung

Als er einmal in Siena war, kam zufällig ein
Bruder aus dem Predigerorden dorthin,
ein Mann des Geistes und Doktor der heiligen
Theologie. Er besuchte auch den seligen Franz,
und die beiden – der Gelehrte und der Heilige –
hatten ein langes Zwiegespräch miteinander über die
Worte des Herrn.
Der Magister befragte ihn aber auch über den Sinn
des Ezechiel-Wortes: »Wenn du dem Gottlosen
seine Gottlosigkeit nicht vorhältst, will ich seine
Seele von deiner Hand fordern.«
Er sagte nämlich: »Guter Vater, ich kenne viele, von
denen ich weiß, daß sie in einer Todsünde leben,
und ich spreche sie oft dennoch nicht auf ihre
Gottlosigkeit an. Sollten nun wirklich alle diese
Seelen von meiner Hand gefordert werden?«
Der selige Franz antwortete, er selbst sei zu
ungebildet, um ihm den Sinn dieser Schriftstelle
auszulegen, und er müsse deshalb eher von ihm
belehrt werden. Aber der Magister sagte in seiner
Demut: »Bruder, ich habe zwar schon von
anderen Gelehrten eine Auslegung dieses Wortes
gehört, aber ich möchte doch gerne deine Ansicht
darüber kennenlernen.«
Darauf erklärte ihm der selige Franz:
»Wenn das Wort ganz allgemein verstanden werden
darf, so deute ich es so: Der Knecht Gottes muß
durch sein gottgemäßes Leben so völlig zu einer
Flamme werden, daß das Licht seines Beispiels und
die Sprache seines Wandels alle Gottlosen im

Gewissen trifft. So, meine ich, würde durch den Glanz
seines Lebens und den Wohlduft seiner Tugend
allen anderen ihre Sündhaftigkeit bewußt.«
Darob war der Gelehrte höchst erbaut. Beim
Abschied sagte er zu den Gefährten des seligen
Franz:
»Meine Brüder, die Theologie dieses Mannes, die auf
Kontemplation und völliger Hingabe beruht, ist
ein fliegender Adler; unsere Wissenschaft aber kriecht
auf dem Bauch über die Erde.«

Thomas von Celano, Zweite Lebensbeschreibung

Die innere Bibel

Als er einmal krank war und Schmerzen ihn
am ganzen Leib peinigten, sagte einer der
Gefährten zu ihm:
»Vater, die Heilige Schrift ist immer deine Zuflucht
gewesen, ein Heilmittel in deinen Schmerzen. Laß
dir doch etwas aus den Propheten vorlesen, vielleicht
wirst du darauf Trost im Herrn empfangen.«
Darauf der Heilige:
»Gut ist es, die Zeugnisse der Schrift zu lesen; gut ist
es, den Herrn, unseren Gott, in ihnen zu suchen.
Doch glaube ich, so viel von der Schrift in mir
zu haben, daß ich Stoff genug zum Meditieren habe.
Mehr brauche ich nicht, mein Sohn: ich kenne
Christus, den Armen, Gekreuzigten.«

Thomas von Celano, Zweite Lebensbeschreibung

Löwenkraft

Wenn ein hochgelehrter Mann in den Orden komme, sagte der Heilige einmal, müsse er gewissermaßen sogar auf seine Wissenschaft verzichten, um sich – auch von diesem Besitz entblößt – nackt in die Arme des Gekreuzigten zu werfen. Denn die Wissenschaft, so fügte er hinzu, mache viele Gelehrte ungelehrig, so daß eine gewisse Halsstarrigkeit sie hindere, sich an die demütigen Dienste des frommen Lebens zu gewöhnen. Darum möchte ich am liebsten, sagte der Heilige, wenn ein gelehrter Mann mir als erstes folgende Bitte vorbrächte: »Siehe, Bruder, ich habe lange in der Welt gelebt und meinen Gott nicht wahrhaft erkannt; nun bitte ich, weise mir ein Plätzchen zu, fern von der Betriebsamkeit der Welt, wo ich mein vergangenes Leben überdenken, meinen Geist aus der Zerstreuung sammeln und die seelischen Dinge in Ordnung bringen kann!«
»Was meint Ihr«, so der Heilige, »würde aus einem Gelehrten werden, der also beginnt? Ganz gewiß würde ein solcher hernach wie ein starker Löwe sein, dem man die Fesseln abgenommen hat; voll Kraft wird er an alles herangehen, und der gute Saft, den er am Anfang getrunken, wird sich durch beständige Erfolge in ihm weiter mehren. Wird dann so einem der Dienst des Wortes übertragen, wird sein Mund von dem überströmen, wovon sein Geist erfüllt ist.«

Thomas von Celano, Zweite Lebensbeschreibung

Die Schwester der Weisheit

Die heilige Einfalt – Tochter der Gnade,
Schwester der Weisheit, Mutter der
Gerechtigkeit – suchte der Heilige
stets sorglich selbst zu wahren und liebte sie bei
anderen.
Aber er billigte nicht jede Art von Einfalt, sondern
nur jene, die in Gott ihr Genügen findet und alles
andere daneben geringachtet –
jene Einfalt, die ganz von der Gottesfurcht bestimmt
ist, so daß sie nicht Böses tun und nichts Böses
sagen kann;
jene Einfalt, die sich selber prüft und andere nicht
verurteilt;
jene Einfalt, die dem Höhern den gebührenden Rang
zuerkennt, für sich selbst aber keinen Rang erstrebt;
jene Einfalt, die weltlichen Ruhm nicht für
wichtig ansieht, die den Hauptwert auf das Tun
legt, nicht auf Studieren oder Dozieren;
jene Einfalt, die in der göttlichen Wissenschaft
Wortschwall, Spitzfindigkeiten und Effekthaschereien
denen überläßt, die zugrunde gehen sollen – während
sie das Mark sucht anstelle der Rinde, den Kern
anstelle der Schale, das Wesenhafte anstelle des
Vielerleis: das höchste, bleibende Gut.
Solche Einfalt wünschte der selige Vater seinen
Brüdern, den gelehrten wie den ungelehrten. Denn
solche Einfalt sei nicht Gegensatz zur Weisheit,
sondern deren echte Schwester.

Thomas von Celano, Zweite Lebensbeschreibung

Kosmos der Seele

Königin Weisheit,
Gott erhalte Euch durch Eure heilige
Schwester *Reine Einfalt*.

Herrin Heilige Armut,
Gott erhalte Euch durch Eure heilige Schwester
Demut.

Herrin Heilige Liebe,
Gott erhalte Euch durch Eure Schwester *Heilige
Fügsamkeit*.

Ihr hochheiligen Tugenden,
der Herr erhalte Euch, von dem Ihr kommt und zu
dem Ihr geht!

Kein Mensch auf der ganzen Welt kann eine von
euch besitzen, ohne zuvor sich selbst zu sterben.
Wer aber eine besitzt und die anderen nicht verletzt,
der besitzt alle –
und wer auch nur eine verletzt, besitzt keine und
verletzt alle.

Eine jede von euch macht Laster und Sünden
zuschanden:

Die Heilige Weisheit
macht den Satan und all seine Bosheit zuschanden.

Die Reine Heilige Einfalt
macht alle Weisheit dieser Welt und die Weisheit des
Fleisches (des Ich-Menschen) zuschanden.

Die Heilige Armut
macht alle Habsucht und den Geiz und die Sorgen
dieser Welt zuschanden.

Die Heilige Demut
macht den Stolz zuschanden und die Anmaßung
der Welt.

Die Heilige Liebe
macht alle teuflischen und fleischlichen Versuchungen
und Ängste zuschanden.

Die Heilige Fügsamkeit
macht alles eigensüchtige Wollen zuschanden,
kreuzigt das Ich und macht es dem Geist gehorsam,
untertan auch dem Bruder und allen Mitmenschen in
der Welt – ja nicht nur den Menschen, sondern
selbst den Tieren, zahmen und wilden, so daß sie mit
uns machen können, was ihnen beliebt, soweit es
ihnen von oben vom Herrn, gestattet ist.

Der Heilige Franziskus im »Lobpreis der Tugenden«

»...HATTE ER DOCH,
DIESER GLÜCKLICHE WANDERER,
SEINE FREUDE
AN DEN DINGEN IN DIESER WELT –
UND NICHT EINMAL WENIG«

Die ganze Verwandtschaft

Eingedenk, daß alle Dinge letztlich aus Gott
sind, war er von überschwenglicher Liebe zu
ihnen erfüllt. Auch die geringsten Geschöpfe
nannte er deshalb »Brüder« und »Schwestern«,
wußte er doch, daß sie mit ihm den gleichen
Ursprung teilten.
Dabei liebte er jene besonders innig und zärtlich, die
durch ihre natürlichen Eigenschaften oder nach
der Symbolsprache der Bibel die Sanftmut Christi
versinnbilden.

Der Heilige Bonaventura
in seinem Großen Franziskusleben

Die Himmelsleiter

Wer könnte die glühende Liebe schildern, die
den heiligen Franz, den Freund des
Bräutigams, beseelte?
Gleich einer glühenden Kohle schien er von der
Flamme der göttlichen Liebe ganz verzehrt zu wer-
den. Wenn er auch nur die Worte »Liebe des Herrn«
hörte, wurde er ganz ergriffen und entflammt,
wie wenn von der Berührung des Wortes die Saiten
des Herzens angeschlagen würden . . .
Ihn konnte alles zur Liebe anspornen. An allen
Werken des Herrn hatte er innige Freude; und alles
Schöne, das sich dem Auge darbot, führte ihn zum
lebenspendenden Born der Güte.
Im Schönen schaute er den *Schönen.* Und auf den
Spuren, die Gott den Dingen aufgedrückt hat,
suchte er den *Geliebten.* So wurden ihm die Dinge
zu Sprossen einer Leiter, auf der er emporstieg, um
zu dem zu gelangen, der das unendliche Ziel
der Sehnsucht ist.
In einer liebenden Gottseligkeit, wie man sie bis
dahin nicht kannte, erspürte er in allen Kreaturen,
gleichsam wie in vielen kleinen Bächlein, die
Urquelle des Guten.
Die Kräfte und Wirkungsweisen, die Gott seinen
Geschöpfen schenkte, wurden für ihn zu einer
himmlischen Melodie, in die er gleich einem anderen
David mit seinem Lobpreis Gottes einstimmte.

Der Heilige Bonaventura
in seinem Großen Franziskusleben

Das Lamm

Das Überströmende seiner zarten Liebe und Barmherzigkeit erfuhren nicht nur die Menschen in ihrer Not, sondern sogar die stumme und vernunftlose Kreatur, alles, »was da kreucht und fleucht«, nicht nur die beseelten Geschöpfe, sondern selbst noch die unbeseelten.
Von allen Tieren war er mit besonderer Liebe und Zärtlichkeit den Lämmlein zugetan: weil in der Heiligen Schrift die Demut unseres Herrn Jesus Christus mit schönem Gleichnis im Bilde des Lammes versinnbildet wird.
Als er einst durch die Mark Ancona wanderte – es war in der Nähe von Osmo, und Bruder Paolo begleitete ihn –, traf er auf dem Feld einen Hirten, der eine Herde von Ziegen und Böcken weidete.
Unter all den Tieren war ein einziges Lamm, das lief ganz demütig nebenher und weidete friedlich.
Wie der selige Franz dies sah, blieb er stehn, und in seinem Herzen von Mitleid gerührt, seufzte er auf und sagte zu dem Bruder, der ihn begleitete: »Siehst du das Schäflein dort, wie es mitten unter Ziegen und Böcken so zahm dahergeht? Ebenso, sage ich dir, wandelte unser Herr Jesus Christus sanft und demütig unter den Pharisäern und priesterlichen Würdenträgern.«

Thomas von Celano, Erste Lebensbeschreibung

Familienzusammenführung

Auf seinem Wege durchs Spoleto-Tal – es war zur Zeit, als schon viele sich den Brüdern angeschlossen hatten – kam der hochselige Vater Franz zu einem kleinen Ort in der Nähe von Bevagna. Da hatte sich eine große Schar von Vögeln verschiedenster Art versammelt: Tauben, kleine Krähen, Dohlen.

Als Franz sie erblickte, ließ er seine Gefährten zurück und lief zu den Vögeln hin. Hatte er doch ein überschäumendes Herz voller Liebe selbst zu den niederen und vernunftlosen Geschöpfen. Als er schon recht nahe bei ihnen war, und es so aussah, als wenn sie ihn erwarteten, rief er ihnen seinen gewohnten Gruß zu (nämlich: »Friede sei mit euch!«).

Aber wie staunte er, daß sie nicht auf und davon flogen. Er war außer sich vor Freude und bat sie demütig, Gottes Wort anzuhören.

Und er sagte ihnen unter anderem: »Meine Brüder Vögel, wie müßt ihr euren Schöpfer loben und lieben, der euch Federn als Gewand, Fittiche zum Fliegen und alles gegeben hat, was ihr braucht. Und wie hat er euch unter all seinen Geschöpfen erhöht und in der reinen Luft euch den Lebensbereich geschaffen! Weder sät noch erntet ihr, und doch schützt er euch und lenkt er euch, ohne daß ihr euch um etwas zu kümmern braucht.«

Da fingen die Vögel zu jubeln an – er und die anderen Brüder haben es selbst erzählt: sie streckten die Hälse, breiteten die Flügel aus und blickten zu

ihm hin. Und er ging mitten unter ihnen auf und ab,
wobei seine Kutte ihnen Kopf und Flügel streifte.
Zum Schluß segnete er sie noch, machte das
Zeichen des Kreuzes über sie und erlaubte ihnen
weiterzufliegen. Er selbst aber zog mit seinen
Gefährten voller Freude weiter und dankte Gott, den
alle Geschöpfe demütig lobpreisend verehren.
Und da er damals schon einfältig war – nicht von
Natur aus, sondern durch Gottes Gnade –, fing er an,
es sich als Nachlässigkeit vorzuwerfen, weil er
nicht schon früher den Vögeln gepredigt habe, da
sie doch jetzt so ehrfürchtig Gottes Wort angehört
hatten.
Und so kam es, daß er von jenem Tage an alle
Lebewesen – Vögel, kriechende Tiere, ja selbst
unbeseelte Geschöpfe – immer wieder voll
Eifer ermahnte, nur ja den Schöpfer zu loben und zu
lieben.
Und Tag für Tag erfuhr er aufs neue, wie sie ihm
gehorchten, sobald er nur den Namen des Erlösers
über ihnen angerufen hatte.

Thomas von Celano, *Erste Lebensbeschreibung*

Das reine Herz

Fand er irgendwo Blumen in ganzen Gruppen
beisammenstehen, so konnte er ihnen wohl eine
Predigt halten und sie – ganz als ob sie's
verstünden – zum Lobe des Herrn ermuntern.
Aber auch Saatfelder und Weinberge, Steine, Wälder,
herrliche Auen und rieselnde Quellen, grünende
Gärten, Erde, Feuer, Luft und Wind – alle erinnerte
er kindlich-reinen Herzens an die Liebe Gottes
und ermahnte sie zu freudevollem Gehorsam.
Er nannte alle geschaffenen Wesen seine Geschwister,
und in einzigartiger Weise ging der Blick seines
Herzens bis ins allerinnerste Geheimnis der Dinge
hinein, das den Menschen sonst verschlossen ist: war
er doch schon zur Freiheit der Kinder Gottes
gelangt (Röm 8, 21).
Nun lobt er dich im Himmel mit den Engeln,
guter Jesus, dich, den Wunderbaren, den er schon
auf Erden allen Geschöpfen als den Liebenswürdigen
gepredigt hatte.

Thomas von Celano, Erste Lebensbeschreibung

Die Spiegelschrift

Es wäre zuviel, um nicht zu sagen unmöglich, alles zu sammeln und zu erzählen, was der ehrwürdige Vater lehrte und wirkte, solange er im Fleisch weilte.
Wer könnte das Maß seiner Liebe beschreiben, die er allem, was Gottes ist, entgegenbrachte?
Wer könnte die Süßigkeit schildern,
die er empfand, wenn er in den Geschöpfen
die Weisheit des Schöpfers, seine
Macht, seine Güte betrachtete? Wunderbare
Freude erfüllte ihn, wenn er zur Sonne aufschaute,
den Mond betrachtete – die Sterne – das
Firmament.
O einfältige Frömmigkeit!
O fromme Einfalt!
Bis zu den Würmlein erstreckte sich seine
Zartheit, hatte er doch vom Erlöser gelesen:
»Ich bin ein Wurm, nicht ein Mensch«
(Ps 21, 7). So pflegte er sie vom Wege aufzulesen
und in Sicherheit zu bringen, damit sie nicht
von einem Vorübergehenden zertreten
würden.
Und andere niedere Tiere? Den Bienen ließ er
im Winter Honig und besten Wein hinstellen,
damit sie nicht vor Kälte und Frost zugrunde
gingen. Ihr hurtiges Treiben, ihre Kunst-
fertigkeit konnten ihn dermaßen zum Lobpreis
der Herrlichkeit Gottes begeistern, daß er
manchmal einen ganzen Tag von nichts anderem
redete.

Wie einst die drei Jünglinge im brennenden
Feuerofen alle Elemente aufforderten zum Lob und
zur Verherrlichung dessen, der das ganze Weltall
erschaffen hat, so hörte auch dieser Mann – voll des
Heiligen Geistes – nicht auf, in allen Elementen
und Geschöpfen den Schöpfer und Lenker aller
Dinge zu verherrlichen, zu loben und zu preisen.

Thomas von Celano, Erste Lebensbeschreibung

Zärtliche Liebe

Obwohl er das Leben als Pilgerschaft betrachtete und die Welt als Verbannungsort, den es bald zu verlassen gilt, hatte er doch – dieser glückliche Wanderer – seine Freude an den Dingen dieser Welt: und nicht einmal wenig! Er gebrauchte die Welt gegen die Fürsten der Finsternis als Kampfplatz – Gott gegenüber aber als den klaren Spiegel seiner Güte. Was immer er in der geschaffenen Welt fand, führte er zurück auf den Schöpfer. . .
Mit einer Hingabe und Liebe, wie man sie nie zuvor gesehen hat, umfaßte er alle Dinge, redete zu ihnen von Gott und forderte sie auf, ihn zu loben. Voller Vorsicht war er, wenn er eine Kerze, eine Leuchte oder eine Fackel hielt, auf daß nicht durch seine Hand erlösche, was ein Schimmer vom ewigen Lichte ist. Und ganz ehrerbietig war er, wenn er über einen Felsen ging – aus Rücksicht auf den, der »Fels« genannt wird (1 Kor 10, 4). Ja, wenn er den Psalmvers zu beten hatte: »Auf einen Felsen hast du mich erhoben«, sagte er vor lauter Ehrfurcht: »Unter die Füße des Felsens hast du mich erhoben.« Wenn die Brüder Bäume fällten, verbot er ihnen, den Baum ganz unten abzuhauen, damit Hoffnung bleibe, daß er wieder zu sprossen anfängt. Auch wollte er nicht, daß der Gärtner rings um den Garten die Raine umgräbt, damit auch Unkraut und Feldblumen ihren Platz fänden und grünend und blühend den herrlichen Vater aller Dinge lobpreisen könnten.

Thomas von Celano, Zweite Lebensbeschreibung

Der Dank der Geschöpfe

Eines Tages kam der Arzt mit einem Eisen, mit
dem er die Brennkuren gegen Augen-
krankheiten zu machen pflegte. Er machte
ein Feuer, um das Eisen zu erhitzen, und als es
glühte, steckte er das Eisen hinein.
Der selige Franz wollte sich Mut machen und sagte
zum Feuer, wie um die Furcht zu beschwichtigen:
»Mein Bruder Feuer, du bist edel und nützlich
unter Gottes Geschöpfen – sei jetzt recht artig zu mir,
ich habe dich immer geliebt und werde dich lieben
um dessentwillen, der dich geschaffen hat. Und
ich bitte auch unseren Schöpfer, er möge deine Hitze
so kühlen, daß ich's ertragen kann!«
Nach diesem Zuspruch schlug er über das Feuer das
Zeichen des Kreuzes.
Wir, die wir bei ihm waren, gingen jetzt alle hinaus;
das Mitleid griff uns ans Herz. So war denn der
Arzt mit ihm allein.
Als aber die Operation vorüber war, kamen wir
wieder, und er sprach zu uns: »Ihr Kleinmütigen und
Kleingläubigen, warum seid ihr fortgelaufen? Ich
sage euch in Wahrheit, ich habe überhaupt
keinen Schmerz und keine Hitze des Feuers gespürt;
und ist's des Brennens noch nicht genug, so mag
man es ruhig noch vollenden.«
Der Arzt war vom Ganzen mächtig erstaunt und
sagte: »Meine Brüder, ich sage euch: nicht nur bei
ihm, der so schwach und krank ist, sondern
beim stärksten Manne habe ich Angst, ob er ein so
heftiges Brennen aushalten kann – aber er hat sich

nicht bewegt und nicht das geringste Zeichen von
Schmerz gegeben.«
Es waren ihm alle Adern vom Ohr bis zur Augen-
braue angebrannt worden. Geholfen hat es ihm
freilich nichts. Ein anderer Arzt durchbohrte ihm
beide Ohrläppchen mit einem glühenden Eisen; aber
es half nichts.
Kein Wunder, daß das Feuer und andere Geschöpfe
ihm willfährig waren und ihre Ehrfurcht vor ihm
bekundeten; denn wir, die wir mit ihm zusammen-
lebten, haben oft gesehen, wie er sie innig liebte
und Freude an ihnen hatte und wie er ihretwegen im
Geist von zartem Mitleid gerührt war, wenn er
mitansehen mußte, daß man sie grob behandelte.
Er pflegte mit ihnen in sichtbarer Herzensfreude zu
reden, als würden sie Gott empfinden, verstehen
und von ihm reden, und oft ward er bei solchem
Anlaß in Gott entrückt.

Spiegel der Vollkommenheit

Sonnengesang

Hier heben an die Lobpreisungen
der Geschöpfe, die der selige Franz zu Lob
und Ehren Gottes verfaßt hat,
da er zu San Damiano krank darniederlag.

Höchster, allmächtiger, guter Herr,
Dein ist das Lob, der Ruhm, die Ehre
und alle Benedeiung:
Dir, Höchster, nur gebühren sie,
und kein Mensch ist würdig,
zu nennen Dich.

Gelobt seist Du, mein Herr,
mit allen Deinen Geschöpfen,
vornehmlich mit der edlen Herrin
Schwester Sonne,
die uns den Tag schenkt durch ihr Licht.
Und schön ist sie
und strahlend in großem Glanze:
Dein Sinnbild, Höchster!

Und gelobt seist Du, mein Herr,
durch Bruder Mond und die Sterne;
am Himmel schufest Du sie
leuchtend und kostbar und schön.

Gelobt seist Du, mein Herr,
durch Bruder Wind und die Luft,
durch wolkig und heiter und jegliches Wetter,
durch das Du Deinen Geschöpfen
Gedeihen gibst.

Gelobt seist Du, mein Herr,
durch Schwester Wasser;
gar nützlich ist sie
und demütig und köstlich keusch.

Gelobt seist Du, mein Herr,
durch Bruder Feuer,
durch den Du die Nacht uns erleuchtest,
und schön ist er und fröhlich
und gewaltig und stark.

Gelobt seist Du, mein Herr,
durch unsere Schwester
Mutter Erde,
die uns ernährt und erhält,
vielfältige Frucht uns trägt
und bunte Blumen und Kräuter.

Gelobt seist Du, mein Herr,
durch jene, die aus Liebe zu Dir vergeben
und Schwäche tragen und Trübsal.
Selig, die harren in Frieden.
Du, Höchster, wirst sie einst krönen.

Gelobt seist Du, mein Herr,
für unsern Bruder, den leiblichen Tod;
ihm kann kein Mensch lebendig entrinnen.
Weh denen, die in Todsünden sterben;
doch selig, die er findet
in Deinem heiligsten Willen;
der zweite Tod tut ihnen kein Leides.

Lobet und preist meinen Herrn,
und danket und dienet Ihm
in tiefer Demut!

Der Heilige Franziskus,
Lobpreisungen der Geschöpfe

»UND ALLES IN IHM
WARD ZUR REINEN SELIGKEIT ...«

Gottesdienst

An einen Minister der Minderbrüder, dem die Last des Amtes wenig Raum für ein »religiöses« Leben ließ, schrieb der Heilige:
So gut ich kann, sage ich Dir zu Deiner Besorgnis Deiner Seele wegen:
Alles mußt Du für Gnade halten, was Dich nicht hindert, Gott den Herrn zu lieben –
auch alle Schwierigkeiten, die Dir die Brüder machen (oder andere), selbst wenn sie Dich schlagen sollten.
Daß alles Gnade ist – das soll Dich bestimmen in allem, was Du willst und erstrebst.
Darin sieh die Richtschnur des wirklichen Gehorsams gegen Gott den Herrn – wie auch gegen mich:
denn das weiß ich gewiß, daß darin der eigentliche Gehorsam besteht.
Du mußt jene lieben, die Dir alles mögliche antun, und darfst nichts anderes von ihnen bekommen wollen als das, was der Herr Dir zukommen lassen wird. Du mußt sie gerade darin (in ihrem Verhalten Dir gegenüber) lieben und sollst nicht wünschen, sie möchten (zu Deinem Wohl) bessere Christen sein.
So (unter dem Gehorsam) zu leben, soll Dir wichtiger sein als das Leben einer Einsiedelei.
Und daran will ich erkennen, daß Du den Herrn liebst und mich, Seinen und Deinen Knecht, wenn Du Dich an folgendes hältst:
Es darf auf der ganzen Welt keinen Bruder geben
– und mag er selbst gesündigt haben, soviel er nur

sündigen konnte –, der dich Aug' in Aug' gesehen
hätte, und der von Dir fortgehen müßte, ohne
Erbarmen bei Dir gefunden zu haben, wenn er
Erbarmen wollte –
und sollte er kein Erbarmen suchen, dann frage ihn,
ob er Erbarmen will;
und würde er danach noch tausendmal vor Deinen
Augen erscheinen –
liebe ihn mehr, als Du mich liebst, damit Du ihn zum
Herrn ziehst.

Der Heilige Franziskus,
Schreiben an einen Minister der Minderbrüder

Die Wünschelrute

Es war bei Santa Maria degli Angeli
(= Portiuncula in der Ebene unterhalb Assisis),
da rief der selige Franz Bruder Leo herbei
und sprach: »Bruder Leo, schreibe!«
Der antwortete: »Ja – ich bin bereit!«
»Schreibe«, sagte Franz, »wo die wahre Freude zu
finden ist: Ein Bote kommt und berichtet, alle
Professoren von Paris seien in unseren Orden
eingetreten.
Schreibe: Darin besteht die wahre Freude nicht!
Ja sogar alle kirchlichen Würdenträger jenseits der
Alpen, Erzbischöfe und Bischöfe – selbst der König
von Frankreich und der König von England!
Schreibe: Darin besteht die wahre Freude nicht!
Weiterhin: alle meine Brüder seien zu den
Ungläubigen gegangen und hätten dort alle zum
Glauben bekehrt.
Schließlich sogar: ich hätte so große Gnade von
Gott, daß ich die Kranken heile und große Wunder
tue.
Ich sage dir: In solcherlei Dingen besteht die
wahre Freude nicht!
Aber worin denn?
Da kehre ich etwa mitten in der Nacht von Perugia
zurück und komme hierher. Es ist Winter,
schmutzig und so kalt, daß sich unten an der Kutte
Eisklumpen bilden, die mir beim Gehen die Beine
blutig schlagen.
Und so in Schmutz, Kälte und Eis komme ich zur
Pforte, und nachdem ich lange geklopft und gerufen,

kommt der Bruder und fragt: ›Wer bist du?‹ Ich
antworte: ›Bruder Franziskus.‹ Und er sagt:
›Scher dich fort! Zu dieser Zeit streunt man nicht
herum. Du kommst mir nicht herein!‹
Da ich es nochmals versuche, antwortet er: ›Scher
dich fort, du bist ein Einfaltspinsel und Idiot. Komm
ja nicht mehr zu uns! Leute wie dich brauchen wir
nicht.‹
Und ich versuche es nochmals an der Pforte, mit
Nachdruck, und sage: ›Um der Liebe Gottes
willen – nehmt mich wenigstens für diese Nacht auf!‹
Und er antwortet: ›Das tue ich nicht! Geh zum Haus
der Kreuzherren, und frage dort an!‹
Ich sage dir: Wenn ich dabei Geduld bewahre
und mich nicht aufrege –
das wäre die wahre Freude, die wahre Tugend und
das Heil der Seele.«

Nach einer alten Handschrift

Exorzismus

Daran war dem seligen Franz vor allem
gelegen, daß er auch außerhalb des Gebetes
und Gottesdierstes allzeit die heilige Freude
des inneren und äußeren Menschen bewahre. Das
sah er besonders gern auch an seinen Brüdern;
und öfter verwies er es einem, wenn er eine traurige
oder ärgerliche Stimmung nach außen hervortreten
ließ.
Denn er sagte: »Wenn der Knecht Gottes die innere
und äußere Heiterkeit des Gemütes zu bewahren
strebt, jene Fröhlichkeit, die aus der Reinheit
des Herzens und aus dem innerlichen Gebetsgeist
kommt, so können die bösen Geister einem solchen
nichts anhaben; sie werden bekennen müssen:
›Seit dieser Knecht Gottes in guten und bösen Tagen
so heiter ist, können wir gar keinen Zugang mehr
bei ihm finden und ihm nicht schaden!‹ Ein
Triumpf aber ist es für den Teufel, wenn sie jene
innerliche Fröhlichkeit, die von dem reinen Gebet
und rechten Schaffen des Menschen kommt,
auslöschen oder wenigstens schwächen können.«

Spiegel der Vollkommenheit

Der Heiligenschein

So sprach der selige Franz einmal einem Bruder der ihn begleitete, sein Mißfallen aus, weil er ein betrübtes Gesicht machte. Er sprach zu ihm:

»Warum trägst du deine Betrübnis zur Schau? Hast du Gott beleidigt, so soll der Schmerz darüber etwas zwischen dir und Gott sein. Bitte ihn, daß er in seiner Barmherzigkeit die vergebe! Dann gönne deinem Herzen wieder die Freude über die Seligkeit, die deine Sünde dir genommen hatte. Vor mir aber und vor den andern zeige dich immer fröhlich! Denn es schickt sich nicht für den Knecht Gottes, sich traurig zu zeigen und ein betrübtes Gesicht zu machen.«

Spiegel der Vollkommenheit

Minnesang

Trunken von Liebe und Mitleid mit Christus,
konnte der selige Franz zuweilen die süße
Melodie, die er in seinem Herzen trug, nicht an
sich halten. Oft lief der Geist ihm über und ergoß
sich in französischen Lauten; und der göttliche
Quell, dessen Raunen sein Ohr im Verborgenen
lauschte, brach dann in einem Jubellied in
provenzalischer Mundart hervor.
Manchmal hob er von der Erde ein Holzscheit auf,
legte es über den linken Arm, nahm mit der Rechten
einen Stecken, der ihm zum Bogen diente, und
strich damit über das Scheit, wie wenn er mit der
Geige oder mit einem andern Instrument spielte.
Dazu bewegte er sich in entsprechendem Rhythmus
und sang ein französisches Lied vom Herrn
Jesus Christus.
Zuletzt pflegten sich alle diese Lieder und Tänze in
Tränen der Rührung aufzulösen, im Gedanken
an Christus, und alles in ihm ward zu reiner Seligkeit.
Er vergaß, was er in Händen hielt und ward zum
Himmel entrückt.

Spiegel der Vollkommenheit

»NUN SAH ER,
DASS ER DER HOHEN FRAU ARMUT
DIE TREUE BIS ZUM
ENDE GEHALTEN HATTE«

Bethlehem

Das heilige Evangelium war ihm oberste Lebensregel: sein ganzes Wünschen und Streben zielte darauf, sich treulich danach zu richten . . .

Besonders die Demut, wie sie sich in der Menschwerdung Gottes, und die Liebe, wie sie sich in der heiligen Passion Christi offenbart, nahmen ihn innerlich so gefangen, daß er kaum an etwas anderes denken mochte.

Darum müssen wir auch voller Ehrfurcht davon erzählen, was er drei Jahre vor seinem Tod (1223) am Geburtsfest unseres Herrn bei Greccio tat.

Es lebte dort in der Gegend ein Mann namens Giovanni . . ., dem der Heilige sehr zugetan war.

Den ließ er (auf der Rückreise von Rom, nach der Bestätigung der Regel) zu sich bestellen – es war gerade vierzehn Tage vor Weihnachten. Und er sprach zu ihm:

»Wenn du gern möchtest, daß wir das Fest des Herrn bei Greccio feiern, so gehe eilends, und richte alles so her, wie ich es dir sage.

Ich möchte nämlich die Geburt des göttlichen Kindes so veranschaulichen, wie sie einst in Bethlehem geschah. Man soll es greifbar nah mit eigenen Augen schauen, welch bittere Not es schon als kleines Kind zu leiden hatte, wie es in eine Krippe gelegt wurde, an der Ochs und Esel standen, auf Heu gebettet.«

Als der gute Mann das hörte, machte er sich in seiner Frömmigkeit sogleich ans Werk und bereitete

alles an dem vereinbarten Orte vor – genau so,
wie der Heilige es gesagt hatte.
So nahte der Tag der Freude, die Zeit des Jubels.
Von den Niederlassungen in der Nähe wurden die
Brüder gerufen. Männer und Frauen der Umgebung
bereiteten voller Freude Kerzen und Fackeln
vor, um jene Nacht zu erhellen, in der jener Stern
aufgegangen ist, der alle Zeiten mit seinem Licht
erfüllt hat.
Als Franz zur Stelle kam, fand er alles wohl-
vorbereitet und freute sich.
Nun wird eine Krippe aufgestellt, das Heu herzu-
getragen, Ochs und Esel führt man herbei.
Da kommt die Einfalt zu Ehren – der Rang der
Armut wird offenbar – die Demut wird gefeiert!
Ja, aus Greccio wird in jener Stunde gleichsam ein
neues Bethlehem. Hell wie der Tag wird die Nacht,
Und Menschen und Tiere empfinden köstliche
Freude.
In Scharen sind die Leute herzugeströmt und werden
durch das ewig neue Geheimnis mit neuer Freude
erfüllt.
Der Wald hallt von all den Stimmen wider, und die
Felsen geben das Echo des Jubels zurück. Die
Brüder singen und bringen Gott ihren Lobpreis dar,
und die Nacht selbst jauchzt auf in hellem Jubel.
Der Heilige Gottes steht an der Krippe; er
seufzt in tiefem Weh, von Andacht durchschauert,
von wunderbarer Freude überströmt.
Vor der Krippe wird ein Hochamt gefeiert. Der
Priester ist ergriffen wie kaum je zuvor. Der Heilige
legt die Levitengewänder an: er ist der Diakon
und singt laut das Evangelium: stark, sanft und klar
klingt seine Stimme, wie er da alle einlädt zum
ewigen Lobpreis.
Dann predigt er dem umstehenden Volk. Er spricht
von der Geburt des armen Königs im kleinen
Städtchen Bethlehem.

Und oft, wenn er den Namen Christi, »Jesus«,
nennen will, bringt er immer nur, vor übergroßer
Liebe glühend, »das Kind von Bethlehem« heraus.
Und wenn er »Bethlehem« ausspricht, klingt es
wie von einem blökenden Lämmlein.
Und mehr noch als vom Wort floß sein Mund über
von süßer Liebe. Und wenn er das »Kind
von Bethlehem« oder gar »Jesus« nannte, fuhr er
gleichsam mit der Zunge über seine Lippen, die Süße
des Namens verkostend und schlürfend.
Einem Mann ward damals eine wundersame
Vision zuteil. Er sah in der Krippe das Kindlein
liegen – erst wie leblos, dann sah er den heiligen
Franz herzutreten, und es war, als erwache jetzt das
Kind aus tiefem Schlaf.
Dieses Gesicht war voll tiefer Wahrheit. Denn war
nicht das Jesuskind in den Herzen vieler
dem geistigen Tod der Vergessenheit anheimgefallen,
und wurde es nicht in innen durch Gottes Gnade
und durch den Dienst des heiligen Franz zu neuem
Leben erweckt und unvergeßlich der Erinnerung
eingeprägt?
Schließlich war die nächtliche Feier vollendet, und
ein jeder kehrte in seliger Freude nach Hause zurück.

Thomas von Celano, Erste Lebensbeschreibung

Golgotha

Zwei Jahre, bevor der heilige Franz seine Seele
dem Himmel zurückgab – er weilte damals
in der Einsiedelei auf dem Alverner Berg –,
ward ihm ein Gottesgesicht zuteil (September 1224).
Darin sah er einen Mann über sich schweben der
hatte gleich einem Seraph sechs Flügel und war mit
ausgespannten Händen und aneinandergelegten
Füßen ans Kreuz geheftet. Zwei Flügel erhoben sich
über seinem Haupt, zwei waren wie zum Fluge
gespannt, und zwei bedeckten den ganzen Leib.
Als der selige Knecht des Höchsten dies schaute,
ward er von tiefem Staunen ergriffen, konnte
sich aber nicht erklären, was diese Erscheinung bedeuten solle. Wohl durchströmte ihn Freude, und
noch tiefer beseligte ihn der gütige, liebreiche Blick,
womit der unbeschreiblich schöne Seraph ihn
anschaute, aber daß er ihn ans Kreuz geheftet sah,
bitterlich leidend, erfüllte ihn mit Entsetzen.
Als er schließlich aufstand, war er traurig und
glücklich zugleich; Freude und Schmerz wechselten
einander ab. Verstört dachte er darüber nach, was
diese Erscheinung wohl bedeuten könne, und
es ängstigte ihn, daß er den Sinn gar nicht begreifen
konnte.
Und während er noch voller Ratlosigkeit über das
Ganze war und das Neuartige des Gesichtes ihm sehr
zu schaffen machte, begannen auf einmal an
seinen Händen und Füßen die Spuren von Wunden
sichtbar zu werden, wie er sie soeben erst an dem
gekreuzigten Mann über sich gesehen hatte.

Seine eigenen Hände und Füße schienen in der
Mitte von Nägeln durchbohrt zu sein, und zwar
erschienen innen an den Händen und oben auf den
Füßen die Spuren der Nagelköpfe, während
die Nagelspitzen sich an der Gegenseite zeigten. An
der Innenseite der Hände nämlich waren die Male
rund; außen waren sie länglich, wobei ein
Stückchen Fleisch buckelartig vorstand, als ob da
die Spitze der Nägel umgebogen und umgeschlagen
sei. Ebenso waren die Male der Nägel auch den
Füßen eingeprägt – mit einer ähnlichen Ausbuchtung
an der Stelle der Nagelspitzen.
Die rechte Seite war wie von einem Lanzenstich
durchbohrt und zeigte eine vernarbte Wunde.
Aus ihr floß öfters Blut heraus – so viel, daß nicht
selten Kutte und Beinkleider von Blut getränkt
waren.
Ach, daß so wenige, solange der gekreuzigte Knecht
des gekreuzigten Herrn am Leben war, seine
heilige Seitenwunde sehen durften. Glücklicher
Elias, der sie einmal bei Lebzeiten des Heiligen ganz
genau sehen konnte. Doch nicht weniger glücklich
Rufin, der sie mit eigenen Händen berührt hat!
Rufin hatte nämlich einmal die Brust des seligen
Vaters einzureiben, wobei seine Hand ausglitt und
jene kostbare Wunde auf der rechten Seite berührte.
Der Heilige fuhr vor Schmerz nicht wenig zusammen
und stieß die Hand von sich weg und schrie laut
auf, der Herr möge ihm verzeihen.
Denn mit Eifer und Bedacht verbarg er die
Wundmale vor anderen. Auch vor seinen nächsten
Freunden verheimlichte er sie, so daß sogar Brüder,
die immer an seiner Seite waren, und auch seine
ergebensten Jünger lange Zeit nichts davon wußten.

Thomas von Celano, Erste Lebensbeschreibung

Versinkend in Gottes Herrlichkeit

Der Tod läßt das Innere des Menschen
offenkundig werden, sagt der Weise (Sir 11, 29).
Herrlich hat sich der Spruch an diesem
Heiligen bewahrheitet.
Als er von jener schweren Krankheit schon gänzlich
aufgerieben war, die ihn von aller Hinfälligkeit
erlösen sollte, ließ er sich (es war der Abend
des 1. Oktobers 1226) nackt auf den nackten Boden
legen.
In seiner letzten Stunde, da der Feind noch einmal
einen letzten Ansturm machen könnte, wollte er
»nackt mit dem Nackten kämpfen«. Dabei war er
furchtlos des Sieges gewärtig, und mit gefalteten
Händen nahm er die Krone der Gerechtigkeit
entgegen.
Denn während er so auf dem Boden lag, blickte er,
wie gewohnt, zum Himmel auf – ganz versunken
in dessen erwartete Herrlichkeit; und mit der Linken
die Seitenwunde bedeckend, damit niemand sie
sehe, sprach er zu den Brüdern:
»Ich habe das Meine getan. Was ihr zu tun habt,
möge Christus euch lehren.«
Den Brüdern stürzten bei diesem Anblick die Tränen
aus den Augen, schwere Seufzer kamen ihnen
hoch vor Schmerz und Mitleid.
Der Guardian aber, der durch göttliche Eingebung
einen Wunsch des Heiligen erspürte, unterdrückte für
den Augenblick seine Tränen, erhob sich eilig,
holte Habit, Beinkleider und Kapuze aus grobem
Sackstoff und sagte zum Vater:

»Hier sind Kutte, Beinkleider und Kapuze; aber ich leihe sie dir nur kraft des heiligen Gehorsams – damit du es weißt! Und damit du auch wirklich begreifst, daß dir diese Sachen in keiner Weise gehören, verbiete ich dir zugleich, sie jemand anderem zu schenken.«
Da frohlockte der Heilige und jauchzte auf vor Freude des Herzens.
Denn nun sah er, daß er der Hohen Frau Armut die Treue bis zum Ende gehalten hatte.

Thomas von Celano, Zweite Lebensbeschreibung

Die hier abgedruckten Texte gehen auf folgende Übersetzungen zurück, die für den Zweck dieser Auswahl allerdings zum Teil noch einmal sprachlich überarbeitet worden sind:

Franz von Assisi, Legenden und Laude
Herausgegeben von Otto Karrer,
Manesse Verlag Conzett & Huber, Zürich 1945.

Die Schriften des heiligen Franziskus von Assisi
Einführung, Übersetzung und Erläuterungen von Kajetan Eßer und Lothar Hardick,
Franziskanische Quellenschriften Band 1,
Dietrich-Coelde-Verlag, Werl 1972.

Die Dreigefährtenlegende des heiligen Franziskus
Einführung von Sophronius Clasen,
Übersetzung und Anmerkungen von Engelbert Grau,
Franziskanische Quellenschriften Band 8,
Dietrich-Coelde-Verlag, Werl 1972.

Thomas von Celano,
Leben und Wunder des heiligen Franziskus von Assisi
Einführung, Übersetzung, Anmerkungen vor Engelbert Grau,
Franziskanische Quellenschriften Band 5,
Dietrich-Coelde-Verlag, Werl [2]1964.

Franziskus – Engel des Sechsten Siegels
Sein Leben nach den Schriften des heiligen Bonaventura,
Einführung, Übersetzung, Anmerkungen von Sophronius Clasen,
Franziskanische Quellenschriften Band 7,
Dietrich-Coelde-Verlag, Werl 1962.

Die Kenntnis der Geschichte von der wahren Freude (vgl. »Die Wünschelrute«) nach der Version einer alten Handschrift der Nationalbibliothek von Florenz verdanken wir (nebst anderen Hinweisen) Pater Engelbert Grau.

Die Übersetzung des »Sonnengesanges« stammt von Leutfried Signer.

Die »Dreigefährtenlegende« ist vermutlich um die Mitte des 13. Jahrhunderts entstanden.

Die »Erste Lebensbeschreibung" des Thomas von Celano ist um 1228/29 und die »Zweite Lebensbeschreibung« des Thomas von Celano ist um 1246/47 zu datieren.

Der Heilige Bonaventura hat das »Große Franziskusleben« um 1262 geschrieben.

Die Legendensammlung »Spiegel der Vollkommenheit« ist später, Anfang des 14. Jahrhunderts, entstanden, enthält aber auch wesentlich älteres Material.

Die Überschriften stammen von den Herausgebern; sie stellen keine Inhaltsangaben dar.

Spirituelle Alternativen

Tanz der göttlichen Liebe
Das Hohelied des Karmel
Herausgegeben und eingeleitet
von Elisabeth Hense
Band 4023

Lew Tolstoj
Zeiten des Erwachens
Mit einem Nachwort herausgegeben
von Axel Dornemann
Band 4017

Marie Luise Kaschnitz
Zeiten des Lebens
Herausgegeben und eingeleitet
von Ulrike Suhr
Band 4029

Elie Wiesel
Den Frieden feiern
Mit einer Rede von Václav Havel
Herausgegeben von R. Boschert-Kimmig
Band 4019

Annemarie Schimmel
Die orientalische Katze
Mystik und Poesie des Orients
Band 4033

HERDER / SPEKTRUM